REGULUS

TRAGEDIE

EN TROIS ACTES.

PERSONNAGES.

REGULUS........... M. Brizard.
MANLIUS.......... M. Monvel.
MARCIE, *Femme de Régulus.* . Madame Veſtris.
BARSINE,
FLAVIE, } *Femmes de Marcie* { Meſd. Molé & Bonioli.
LICINIUS, *Tribun du Peuple.* ... M. Molé.
AMILCAR, *Ambaſſadeur de Carthage.* M. Pontéuil.
ATTILIUS, *Fils de Régulus.* ..... Mlle. Joli
PRISCUS, *Romain.* .... M. Bonioli.
LICTEURS.
Suite de ROMAINS & d'AFRICAINS.
OFFICIERS *Romains.*

La Scène eſt dans un Veſtibule du Temple de Bellone.

C. P. Marillier, inv. et Sculp.

RÉGULUS,

TRAGÉDIE,

ET

LA FEINTE

PAR AMOUR,

COMÉDIE

EN TROIS ACTES.

*Représentées le même jour par les Comédiens François,
le 31 Juillet, 1773.*

A PARIS,

Chez DELALAIN, Libraire, rue & à côté de la
Comédie Françoise.

M. DCC. LXXIII.

EPÎTRE

A MADAME

LA DAUPHINE.

Toi, notre gloire & nos délices,
L'Image & le bienfait des Dieux;
Combien mes Ecrits font heureux
De paroître fous tes aufpices!....
Le tems n'a plus de droits fur eux.
Par toi les talens vont éclore;
Des arts tu hâtes le réveil;
Ton vif éclat releve encore
De Louis l'augufte appareil,
Et tu reffembles à l'Aurore,
Ouvrant le Palais du Soleil.

 # EPITRE DÉDICATOIRE.

O ! jours d'un fortuné préfage
Où, fous la garde de nos cœurs,
Tu fais échapper aux honneurs,
Ce joug impofé par l'ufage !
Où l'aimable fimplicité
A nos Spectacles te foulage
Des apprêts de la Majefté ;
Où la riante liberté
S'empreffe & vole à ton paffage !
Va, pourfuis, accorde à nos jeux
Les doux regards de l'indulgence :
Le laurier qui croît fous tes yeux
Séche ou languit dans ton abfence.

Vois les neuf Sœurs t'offrir des chants
Que l'ame applaudit, qu'elle infpire,
Et qui peignent nos fentimens.
De rofes couronnant fa lyre,
L'une cherche dans ton fourire
Le prix flatteur de fes accens :
Aux Bergers des prochaines rives
L'autre raconte ces vertus,

Que ton rang ne tient point captives,

Et qu'il fait aimer encor plus.

Sur la musette solitaire

Elle dit aux bois d'alentour,

Par quels soins ta main tutélaire,

Sous l'humble toît d'une chaumiere,

Consola l'himen & l'amour ;

Comment ta noble bienfaisance

Fit avec tant d'humanité

Dans ton Char asseoir l'indigence

Et l'infortune à ton côté.

C'est alors qu'une hymne touchante

S'éleve à toi du fond des cœurs,

Et, qu'oubliant tous ses malheurs,

La pauvreté reconnoissante

En tributs présente des fleurs

A la grandeur compatissante,

Qui connoît le charme des pleurs.

    Oui, tel est, divine Princesse,

Le destin qui t'est préparé,

Ainsi qu'à l'Epoux adoré,

Qui prévient les vœux qu'on t'adresse...
Tous les François vont répéter
Ce que les muses m'ont fait dire.
Couple charmant, sous votre empire,
On oubliera l'art de flatter.
Vous prouvez ce qu'on a sçu feindre,
Et vos regards vont enfanter
Des Virgiles pour vous chanter,
Et des Albanes pour vous peindre.

RÉGULUS,

TRAGÉDIE.

ACTE I.

La Scène repréſente le Parvis du Temple de Bellonne. On voit ſur l'un des côtés la Statue de la Déeſſe; au fond, une Place publique, ornée des Buſtes des anciens Romains; & à la rive oppoſée, Rome & le Capitole. Des ſieges ſont préparés pour le Sénat.

SCÉNE PREMIERE.

MARCIE, BARSINE.

BARSINE.

Sous ces vaſtes Parvis conſacrés à Bellonne,
Dans ces lieux révérés que la crainte environne
Quels Dieux guident vos pas?

A

MARCIE.

        Ceux de qui les regards
Sont quelquefois encor tournés vers nos remparts;
Tous les Dieux protecteurs de la race d'Enée,
Dont ils ont garanti la haute deſtinée;
Les Dieux de Régulus.

BARSINE.

        Un Luſtre eſt écoulé,
Depuis que, loin de vous, il languit exilé;
Ont-ils briſé ſes fers?

MARCIE.

        Que me dis-tu, Cruelle?
Ah! loin de m'allarmer, encourage mon zéle.
Je ne ſais quel eſpoir, bien cher à ma douleur,
Par ſes illuſions vient conſoler mon cœur.
On attend aujourd'hui l'Envoïé de Carthage:
Mais, (telles ſonᵗ nos Loix, tel eſt l'antique uſage)
Dans l'enceinte de Rome il ne peut être admis,
Rome n'ouvre ſes murs qu'à des Sujets ſoumis.
Sous ce Portique auguſte on conſent à l'entendre:
Les Sénateurs mandés doivent bientôt s'y rendre.
J'ai devancé leurs pas, je cherche Manlius,
Et mes pleurs vont encor parler pour Régulus:
Je veux ſavoir enfin le ſort qu'on lui deſtine.

BARSINE.

Quoi ! toujours suppliante !...

MARCIE.

Il n'importe.. Ah ! Barsine,
Cédons à nos destins : ils ne sont plus ces tems
Où j'osois respirer un légitime encens ;
Ces jours, où Régulus, domptant jusqu'à l'envie,
Illustroit à la fois sa femme & sa Patrie.
Le rapport inégal de ses ans & des miens
Ne fut point un obstacle à de si beaux liens,
Et mon ame séduite au bruit de son courage,
En comptant ses Lauriers, n'apperçut point son âge.
Au sortir d'un long siége, où son noble secours
Avoit sauvé la vie à l'auteur de mes jours,
Il revint précédé d'une pompe guerriére :
J'époufai le Vainqueur & j'acquitai mon pere.
Régulus m'adoroit, & me plut à son tour :
C'étoit un sentiment.... au-dessus de l'amour !
Quels transports, quelle joie ont marqué la naissance
De ce fils, ce cher fils, notre unique espérance !
Je voyois mon Epoux, au retour des combats,
Sourire à cet Enfant caressé dans mes bras,
Nous prodiguer les soins d'une ame simple & pure,
Et déposer sa gloire au sein de la nature.
Pouvois-je alors prévoir un sinistre avenir ;

Et que de si beaux jours dussent sitôt finir ?
Absente de nos murs, tu ne vis point, Barsine,
De mes profonds ennuis la fatale origine.
Après cinq ans de paix & d'un hymen heureux,
La haîne dans carthage alluma tous ses feux.
Il fallut, assurant la fortune publique,
Détourner les complots que méditoit l'Afrique.
Sans briguer cet emploi, modeste & renfermé,
Parmi tous ses rivaux, Régulus fut nommé.
Il vint me l'annoncer; son front plein de noblesse
Imposa, malgré moi, silence à ma foiblesse.
Par sa mâle constance étonnant mes esprits,
Sans verser une larme, il embrassa son fils ;
Il partit; mais bientôt sa prompte renommée
Fit connoître l'orgueil à mon ame charmée.
De ses nombreux exploits dévorant les récits,
Rome tournoit vers moi ses regards attendris.
Le nom de mon Epoux, sa valeur fortunée,
Au bonheur de l'Etat joignoient ma destinée.
Quel changement, hélas! dans son sort & le mien!
Régulus est esclave, & je ne suis plus rien.
Régulus est esclave! ah! Dieux! ô sort funeste!
Un regret éternel est tout ce qui me reste.
Plus d'honneurs, plus de rang, lorsqu'il est dans les fers,
Partager, loin de lui, l'horreur de ses revers,
Sentir tous les degrés de sa longue infortune,
Fatiguer les Romains de ma plainte importune,

Affiéger le Conful, pleurer avec mon fils,
Voilà tous mes devoirs, je les ai tous remplis.

BARSINE.

Le Conful peut beaucoup ? & fa faveur....

MARCIE.

Ecoute.

L'auftere Manlius eft généreux fans doute :
Rome le croit au moins, & je n'ofe penfer
Qu'au projet de me nuire il ait pu s'abaiffer ;
Cependant, (avec toi je rougirois de feindre)
Sans le juger encor, tout me force à le craindre :
Dans le fond de mon ame, un fecret mouvement,
Contre lui, malgré moi, dépofe à tout moment.
J'eftime, en fes pareils, la valeur, la prudence,
La haine des tyrans, la noble indépendance ;
Mais non, l'atrocité de ces triftes vertus,
Pures dans leur principe, affreufes par l'abus,
Ces mornes préjugés, ce fier Patriotifme,
Qui détruit le bonheur, & n'eft point l'héroïfme.
Je plains le malheureux, le mortel endurci
Que la tendre pitié n'a jamais adouci :
Vas ; Manlius jamais n'en a connu les charmes,
Et ce farouche cœur ne s'ouvre point aux larmes.

BARSINE.

Trop prompte à l'accufer....

MARCIE, *(avec vivacité.)*

Qu'il ſerve Régulus ;
Je tombe à ſes genoux, & ne l'accuſe plus.
Lié par le devoir & la reconnoiſſance,
Le Tribun, plus ſenſible, eſt ma ſeule eſpérance.
Dès ſes plus jeunes ans, inſtruit par mon Epoux,
Toujours il l'admira, ſans en être jaloux :
A Rome, aux champs de Mars, dans la paix, dans la guerre,
Régulus autrefois lui tenoit lieu d'un pere ;
Souvent, dans le Sénat, il parut ſon appui,
Et doit en ce moment tout attendre de lui.
Puiſſe, au moins, Manlius ne m'être point contraire!
Je n'oſe eſpérer plus de cette ame ſévére :
Ses yeux indifférens, que laſſent mes malheurs,
Se ſont accoutumés à voir couler mes pleurs.
Il vient ; éloigne-toi.

SCENE II.

MANLIUS, *ſuivi des Licteurs ;* MARCIE.

MARCIE.

SEIGNEUR, daignez m'entendre ;
A cette grace, hélas ! j'ai le droit de prétendre.

MANLIUS.

Madame, pardonnez si des soins importans,
A vos yeux, malgré moi, m'ont caché si long-tems.
J'obéis, avant tout, au devoir qui m'enchaîne :
Mais, quel pressant motif en ce lieu vous amène ?

MARCIE.

Et vous le demandez !.... feignez-vous d'ignorer
Le dessein qui m'occupe & peut seul m'attirer ?
Songez à Régulus, perdu pour la Patrie,
Traînant dans un cachot une pénible vie,
Et, sous des fers honteux, pour vous, pour les Romains,
A peine soulevant ses généreuses mains !
Peut-être en ce moment, il succombe, il expire,
Et fait, en expirant, des vœux pour cet Empire,
Pour un Sénat jaloux qui l'a sacrifié,
Pour son ingrat païs, dont il est oublié....
Osons-nous prolonger l'odieux esclavage
Où frémit sa vengeance, où languit son courage ?
Comment excuser Rome ? & peut-on, Manlius,
Respirant l'air du Tibre, oublier Régulus ?
Quel enclos dans nos murs n'atteste point son zèle,
Sa sublime équité, sa valeur immortelle ?
Les Tribunaux ? du faible il y fut le vengeur :
Le Sénat ? vous savez s'il en étoit l'honneur.

A iv

Montez au Capitole, où fa main triomphante
Sufpendit des vaincus la dépouille fanglante,
Ces lances, ces drapaux à Carthage enlevés,
Monumens glorieux, que Rome à confervés.
Que dis-je? & ces faifceaux, & ces aigles altières,
Et l'augufte appareil des honneurs confulaires,
Et cette pourpre enfin, fouveraine des Rois,
Régulus, comme vous, les obtint autrefois.
Le Chef, l'Ami, le Dieu des Légions romaines,
Vainqueur en cent combats, va mourir dans les chaînes:
Moi feule je lui refte. O ciel! ô Régulus!...
Et voilà donc le prix que l'on garde aux vertus!

MANLIUS.

J'approuve vos regrets, & non votre injuftice.
Le fort de votre Epoux eft pour Rome un fupplice:
Mais, pour rompre fes fers fi vos efforts font vains,
Accufez-en Carthage & non pas les Romains.

MARCIE.

Carthage enchaîne un bras toujours armé contr'elle;
Rome oublie un Romain, un défenfeur fidelle.
Carthage, en l'accablant, fe venge d'un vainqueur;
Rome, en l'abandonnant, punit un bienfaiteur.
Prononcez, Manlius; qui des deux eft coupable?...
On peut tout réparer; l'inftant eft favorable.
A l'Envoïé d'Afrique, en ce jour folemnel,

D'un malheureux ami propofez le rappel.
Je ne puis que pleurer; vous pouvez davantage;
Vous pouvez, d'un feul mot, finir fon efclavage.

MANLIUS.

Je le fouhaite au moins; je voudrois aujourd'hui
Racheter de mon fang un Captif tel que lui :
Si pourtant à l'Etat fon retour pouvoit nuire,
Avec fincérité j'ofe ici vous le dire,
N'attendez rien de moi, rien de mon amitié;
Mon ame, par devoir, fe ferme à la pitié.

(*Surprenant un mouvement de colère dans Marcie.*)

Je fais que des foupçons l'atteinte injurieufe
A flétri bien fouvent la vertu courageufe :
Quand je fers les Romains, quand je veux leur bonheur,
Je brave les foupçons, mon juge eft dans mon cœur.
J'eftime Régulus, je le vois fans envie :
Mais ce cœur inflexible eft tout à la Patrie;
Elle feule eft l'objet, le but de mes travaux.

MARCIE.

Eh ! n'eft-ce pas l'aimer, que lui rendre un Héros ?
C'eft à vous, à vous feul que ma douleur s'adreffe.
Vous allez fervir Rome, en fervant ma tendreffe.

MANLIUS.

Je n'ofe vous flatter d'un efpoir incertain :
Je fuis Conful, Madame, & non pas Souverain.

MARCIE.

Combien vous m'allarmez ! cette fombre réponfe
Me fait déja fentir les rigueurs qu'elle annonce.
On vient. Ciel ! le Tribun. Je vois trop qu'aujourd'hui
Je ne peux reclamer d'autre foutien que lui.

SCENE III.

LICINIUS, MARCIE, MANLIUS.

MARCIE.

Eh bien, Licinius ?

LICINIUS.

    L'Ambaffadeur arrive ;
Le peuple, pour le voir, a couru fur la rive.
Mais, ce que nul Romain n'attendoit aujourd'hui,
Régulus eft dans Rome, & revient avec lui.

MARCIE.

Régulus !... que dit-il ? le Ciel me le renvoïe !
Je ne me connois plus ;... je fuccombe à ma joie.
  (A Prifcus.)

Eft-il vrai ? Régulus va paroître en ces lieux !...
Puiffe-je me montrer la premiere à fes yeux !
      (Elle fort.)

SCENE IV.

MANLIUS, LICINIUS.

MANLIUS,

(avec une joie tranquille.)

Eh, quel est donc, Tribun, le dessein de Carthage ?
Régulus en ces lieux !

LICINIUS.

Il est sur le rivage ;
C'est avec moins d'éclat qu'on reçoit les vainqueurs ;
Tous les Romains font vœu de venger ses malheurs.
D'un regard ténébreux fixant le Capitole,
Entre mille guerriers que son retour console,
Il marche… on rompt les fers dont ses bras font chargés
Et les cœurs, une fois, ne font point partagés.
Les chemins, trop étroits dans cet instant d'ivresse,
Ne peuvent contenir la foule qui s'empresse ;
Charmés de le revoir, les vieillards attendris,
Attentifs & muets, le montrent à leurs fils :
Et moi, je viens ici, dans l'excès de mon zèle,
Déployer les transports d'une amitié fidele,
Annoncer le Héros, dont les soins bienfaisans
Daignerent aux vertus former mes premiers ans.

Mais vous allez enfin jouir de sa présence;
Avec l'Ambassadeur je le vois qui s'avance.

SCENE V.

*(On voit une suite d'Africains & le Peuple. Le Consul,
Licinius & les autres Sénateurs prennent leurs places;
celle qu'occupoit autrefois Régulus, auprès des Consuls,
demeure vuide ; Régulus & Amilcar passent entre les
Licteurs : Régulus, en entrant, s'arrête.)*

MANLIUS, PRISCUS, LICINIUS,
REGULUS, AMILCAR.

MANLIUS.

Citoïen généreux, qui peut vous arrêter?

REGULUS.

Rome entre ses Enfans ne doit plus me compter.

MANLIUS.

Recouvrez tous vos droits, & prenez votre place.

REGULUS.

Je n'en ai point ici.

M A N L I U S.

Rome vous a fait grace.

R E G U L U S.

Un Efclave paroître & s'affeoir parmi vous!

M A N L I U S.

Le malheur d'un héros le rend facré pour nous.

(*Se retournant vers Amilcar.*)

Mais je céde à vos vœux. Que fouhaite Carthage ?
Parlez ; fur quel efpoir cherchez-vous ce rivage ?

A M I L C A R.

Carthage, qui long-tems balança vos fuccès,
Par ma voix, Sénateurs, vous propofe la paix;
Et, fi vous refufez fa première demande,
Elle fouhaite au moins que le Tibre lui rende
Nos illuftres Captifs, dans vos murs retenus :
Les vôtres, à ce prix, vous feront tous rendus;
A ce prix, Régulus, qu'Amilcar vous ramène,
Pour gage du traité, va voir tomber fa chaîne,
Et peut, dès aujourd'hui, reprendre avec éclat,
Tous fes titres dans Rome, & fon rang au Sénat.

M A N L I U S.

Nous aimons Régulus : le deftin qui l'opprime

N'a pu changer nos cœurs, qu'un même zèle anime;
Et nous serons heureux, s'il est quelque moïen
De rendre à la Patrie un si noble soutien :
Mais sur ses intérêts que lui même il prononce,
Rome dans son avis trouvera sa réponse;
C'est elle qui le veut. Approchez, Régulus,
Et réglez votre sort.   (*Manlius s'assied.*)

R E G U L U S.

(*Avec joie, & plus de sérénité.*)

Je ne résiste plus.

A M I L C A R, (*à Régulus.*)

De parler pour Carthage aujourd'hui tout vous presse,
Et vous savez quel prix....   (*Amilcar s'assied.*)

R E G U L U S, (*toujours de bout.*)

Je tiendrai ma promesse,

(*S'avançant au milieu du Sénat.*)

Puisque, malgré mes fers, ma défaite, & vos Loix,
Vous permettez qu'ici j'ose élever la voix,
Je n'abuserai point de cet honneur insigne;
Et moins je l'espérois, plus mon cœur en est digne.
Me laissant vos bontés, le sort ne m'ôte rien,
Et l'Esclave dans moi fait place au Citoïen.
Descendans de Rémus, Peuple vainqueur & libre,

Guerriers, Législateurs, Héros & Dieux du Tibre,
Vos ennemis enfin s'abaiſſent devant vous;
Mais ne laiſſez jamais fléchir votre courroux.
Encore une victoire, & l'Afrique eſt ſoumiſe;
Deux poſtes exceptés, la Sicile eſt conquiſe.
Rome voit ſe former des ſoldats généreux,
Nés ſur le même ſol, ſervant les mêmes Dieux,
Réunis par les Loix, les mœurs & le langage:
Eh! que pourroient contr'eux les ſoldats de Carthage,
Mercénaires errans, dont le ſang mandié
Ne vaut pas même l'or de ceux qui l'ont païé?
Que dis-je? l'Etranger, qu'aigrit leur injuſtice,
Aux Africains déja ne vend plus ſon ſervice.
Xantippe, ce héros leur vengeur, leur appui,
Dont j'ai pleuré la mort, quoique vaincu par lui,
Xantippe, qu'opprima leur perfide inconſtance,
Apprend à l'univers ce qu'il faut qu'il en penſe,
Détourne les ſecours qu'on oſoit leur porter,
Et décourage ceux qui pourroient l'imiter.
Triomphans aujourd'hui, vous allez l'être encore,
Eſt-il tems de traiter alors qu'on vous implore?
Enfin que craignez-vous de ce Peuple affoibli?
Une fois, il eſt vrai, les deſtins m'ont trahi:
Mais ſoudain notre Rome, en guerriers ſi fertile,
Pour effacer ma honte arme un bras plus utile:
Métellus a paru, nos vainqueurs ont tremblé;
Et leur ſang odieux à grands flots a coulé.

Combien de fois, ô Ciel ! j'ai joui de leurs craintes ?
L'écho de leurs rochers me renvoyoit leurs plaintes.
De la contagion le soufle dévorant
Les enseveliſſoit ſous leur ſable brûlant,
Et les cris de Carthage, à la douleur en proie,
Au fond de mon cachot venoient porter la joie.
J'y rentre ſans regret, pourvu que par vos mains
Ruiſſelle juſqu'à moi le ſang des Africains.
Que je hais leur demande & leur infâme adreſſe !
Ils ont cru dans mon cœur ſurprendre une foibleſſe,
Et par un vil appât s'aſſurer de ma foi :
Mais ils me connoîtront, mais Rome eſt tout pour moi;
Mais je voue à Carthage une haine immortelle,
Et ne viens parmi vous que pour m'armer contr'elle.

LICINIUS.

Vous !

REGULUS.

Redoutez la paix qu'elle oſe demander.

LICINIUS.

Si l'échange vous ſauve, il le faut accorder.

REGULUS.

(Avec chaleur & indignation.)

Eh ! quoi ! pour racheter la liberté d'un homme,
Quel exemple odieux donneriez-vous à Rome ?

L'honneur

L'honneur, ce feu sacré que j'attefte aujourd'hui,
Cette ame des vertus qui s'éteignent fans lui,
De nos antiques mœurs la force héréditaire,
La difcipline enfin, ce frein fi néceffaire,
Tout n'eft-il pas détruit, fi de lâches foldats,
Qui fe difent Romains & craignent le trépas,
Ofent encor nourrir l'efpérance chérie
De revoir leurs foïers, leurs femmes, leur Patrie ?
Quel fecours en attendre ! ils ont fui, ces Romains !
Ils ont tendu leurs bras aux fers des Africains !
Infupportable affront ! fouvenir que j'abhorre !
Ils ont connu la honte & refpirent encore !
Qu'ils meurent dans les fers ! ils ont fui fous mes yeux ;
Je les ai commandés ; je dois mourir comme eux.

L I C I N I U S.

Mourir ! un autre efpoir aujourd'hui nous anime ;
Il faut un autre prix à ce tranfport fublime ;
Et, fi l'échange enfin peut être dangereux,
N'êtes-vous rien pour nous ?

R E G U L U S.

   Eh ! qui fuis-je, grands Dieux ?
Qui fuis-je, aveugle ami ? mon fang & mon courage
Vont s'éteindre bientôt fous les glaces de l'âge.
Les coups affreux du fort, plus que le poids des ans,
Précipitent la fin de mes jours languiffans ;

B

Traînant vers le tombeau ma vieillesse stérile,
Je ne pourrois à Rome être long-tems utile :
Mais, combien le seroient à vos fiers ennemis,
Tous leurs Chefs, nos captifs, perdus pour leur pays ?
Ces braves citoïens, qu'irrite l'esclavage,
Sont tous autant d'appuis dont vous privez Carthage.
Oui, oui; je les ai vus, de carnage altérés,
Arracher de nos mains leurs drapeaux déchirés,
Echauffer, enflammer les cœurs les plus timides;
Dans les plus grands périls toujours plus intrépides,
Ivres de notre sang dont ils étoient couverts,
Ne succomber qu'au nombre & rugir dans leurs fers.
Ils sont vos prisonniers, gardez-vous de les rendre.
Contr'eux ce foible bras pourroit-il vous défendre ?
D'ailleurs, n'avez-vous point celui de Métellus,
Et pouvez-vous encor regretter Régulus ?
Je fus déja vaincu, je pourrois encor l'être;
Votre estime, Sénat, je la perdrois peut-être,
Je n'y survivrois pas; & je ne veux jamais,
Quand ils sont contre vous, accepter vos bienfaits.

L I C I N I U S.

Ainsi, vous exigez que Rome soit ingrate !
Que sa honte paroisse où votre honneur éclate;
Qu'ici même un arrêt injuste & solemnel
Vous condamne aux horreurs d'un exil éternel !
Vous, de qui le retour aujourd'hui nous console,

Vous, que nous aurions dû conduire au Capitole !

(*Il se leve & va à la tête du peuple.*)

Pour lui faire un tel fort, eut-il fallu, Romains,
Le chercher dans le champ que labouroient ses mains,
Interrompre le cours de ses travaux rustiques,
Et l'arracher du sein de ses dieux domestiques?
On diroit donc un jour, en pleurant Régulus:
» Le Tibre eut un Héros, fameux par ses vertus:
» Renonçant au repos, prodigue de sa vie,
» Il s'immoloit entier au bien de sa Patrie.
» Guerrier, par ses exploits il défendit l'Etat;
» Citoïen, ses conseils éclairoient le Sénat:
» Dans les déserts d'Afrique il s'ouvrit un passage;
» Il affranchit nos murs, il abaissa Carthage;
» Et ce même Romain, toujours infortuné,
» Expira dans les fers, par Rome abandonné «.

REGULUS.

Et toi, tu la trahis!...

LICINIUS.

Non, je lui suis fidèle;
Non, ce n'est point à vous que je borne mon zèle;
C'est comme citoïen que je suis votre appui.
Tout ce peuple vous aime, & je parle pour lui.

REGULUS.

Terminez, Sénateurs, un combat qui m'offenfe;
Ou, comme je le dois, j'entends votre filence.

MANLIUS.

(Regardant les Sénateurs qui paroiffent attendris & les
yeux baiffés.)

De votre afpect touchant vous voïez les effets.

(Après un filence.)

Il faut pefer, fans vous, de fi grands intérêts.

(Aux Sénateurs.)

Avant de prononcer fur le fort d'un tel homme,
Réuniffons les voix au fein même de Rome.
Fabrice, Lentulus, Camille, Traféas,
Diftraits par d'autres foins, n'ont pu fuivre nos pas;
Ce Temple touche aux murs, où leur expérience
Peut d'un avis utile aider votre prudence,
Et tout veut....

REGULUS.

Manlius !

MANLIUS.

Repofez-vous fur moi;
A Rome, à Régulus, je fais ce que je doi.

Je ne trahirai point des vertus que j'admire.

(*à Amilcar.*)

De ce qu'on aura fait on viendra vous inftruire,
Amilcar.

AMILCAR.

C'eft affez. Dans ces lieux ennemis
J'ai dévoré l'affront qu'a reçu mon pays :
Je ne dirai qu'un mot ; c'eft à vous de m'entendre.
Vous aimez Régulus ; tremblez de nous le rendre :
Vous feuls d'un fort cruel pouvez le préferver ;
En traitant avec moi, vous allez le fauver ;
Mais, fi vous refufez l'échange qu'on propofe,
Carthage inexorable en punira la caufe.

SCENE VI.

MANLIUS, LICINIUS, REGULUS, LES SENATEURS, LICTEURS.

LICINIUS.

Qu'entends-je ! & nous pourrions....

REGULUS.

Point de lâche pitié,
C'eft Rome qui doit vaincre & non pas l'amitié.

Fin du premier Acte.

B iij

ACTE II.

SCENE PREMIERE.

MARCIE, FLAVIE.

MARCIE.

AINSI donc tes fecours m'ont rendue à la vie?
Prends pitié de mon trouble, ô ma chere Flavie!
Je quittois le Conful, je fortois de ces lieux :
Quel objet tout à coup fe préfente à mes yeux!
Mon Epoux! Régulus, que le Peuple environne!
Romains, Carthaginois, Garde, rien ne m'étonne,
Je traverfe la foule, & je lui tends les bras;
On s'arrête : un moment : il ralentit fes pas;
Et d'un ton formidable;... » éloignez-vous, Marcie, »
Me dit-il, » ces inftans font tous à la Patrie. »
Il me laiffe, il s'arrache à mes embraffemens.
Que devins-je, Flavie, en ces cruels momens?
Mes yeux noïés de pleurs fe couvrent d'un nuage;
Je le fuis, je me jette à travers fon paffage;
Je voulois lui parler... inutiles defirs!
Ma voix tombe, s'éteint, fe perd dans mes foupirs;
Et l'on me traîne, hélas! expirante, éperdue,

Dans l'afyle prochain, où tes bras m'ont reçue.
Que fait-il ?.... Le Sénat vient de fe féparer.
Cher Epoux, en ce lieu j'ai cru te rencontrer;
Et tu ne parois point !... diffipe mes allarmes.

(*A Flavie.*)

Il ne fait pas combien il m'a coûté de larmes !
Barfine m'abandonne !.... on vient; c'eft elle !...

SCENE II.

FLAVIE, MARCIE, BARSINE.

MARCIE.

E H bien !
Que dit-on ? que fais-tu ? ne m'apprendras-tu rien ?

BARSINE.

Sur les difcours du Peuple & fes vagues murmures,
On hazarde, en tremblant, de vaines conjectures;
Et j'ai fû feulement que tous nos Sénateurs
Dans Rome raffemblés.....

MARCIE.

O mortelles frayeurs !
Et Régulus !... d'où vient que le cruel m'évite ?
Où porte-t-il fes pas ? tu parois interdite !
Parle.   B iv

BARSINE.

Aux autels de Mars , votre Epoux généreux ,
Pour vous , pour les Romains , forme , dit-on , des vœux ;
Parmi les cris de joie , & les craintes publiques ,
Les parfums & l'encens fument sous les portiques ,
Et ce mortel si cher , attirant tous les yeux ,
Partage les respects que nous rendons aux Dieux.

SCENE III.

FLAVIE, MARCIE, PRISCUS, BARSINE.

PRISCUS, (à Marcie.)

L'Ambassadeur vous cherche.

MARCIE.

Amilcar ! ô surprise ?

PRISCUS.

Il souhaite qu'ici mon zèle l'introduise :
Il marche sur mes pas.

MARCIE.

Qu'il entre.

SCENE IV.

FLAVIE, MARCIE, BARSINE.

MARCIE.

Un Africain !
Pourquoi me cherche-t-il, & quel est son dessein ?
Je ne sais quel effroi...

BARSINE.

Madame, il faut l'entendre.

FLAVIE.

On le conduit vers vous.

MARCIE.

Ciel ! que va-t-il m'apprendre !

Les Femmes de Marcie se retirent.

S C E N E V.

M A R C I E , A M I L C A R.

A M I L C A R.

Madame, pardonnez ; mon aspect dans ces lieux
Peut-être en ce moment importune vos yeux ;
Mais un grand intérêt a pu seul m'y conduire,
Et pour Rome, & pour vous, j'ai dû vous en instruire.

M A R C I E.

Rassurez mes esprits.

A M I L C A R.

                J'estime votre Epoux,
Et viens pour le sauver.

M A R C I E.

                Comment ? expliquez-vous.

A M I L C A R.

Vous connoissez Carthage & ces haines cruelles
Qu'attiserent long-tems nos sanglantes querelles :
Elle est prompte à punir, ardente à se venger ;
J'ai souvent plaint nos mœurs, sans pouvoir les changer :
Si Régulus trompoit les vœux de ma patrie.....

M A R C I E.

Il ne dépend plus d'elle.

A M I L C A R.

Ecoutez-moi, Marcie.

M A R C I E.

Eh bien ?

A M I L C A R.

Ne croyez point qu'aux seuls devoirs lié,
J'affecte les dehors d'une fausse pitié.
Quels que soient les débats entre Carthage & Rome,
Je ne serai jamais l'ennemi d'un grand homme.
Je sers même l'Afrique, en servant Régulus :
Craignez-le plus que moi.

M A R C I E.

Tous mes sens sont émus.
Quelle infortune encor l'attend sur ce rivage ?

A M I L C A R.

Et si, dès ce jour même, il retourne à Carthage.

M A R C I E.

O Ciel !

A M I L C A R.

De nos captifs le sort lui fut remis ;
On demande un échange, il est libre à ce prix ;
Mais contre cet échange, il a parlé lui-même.

M A R C I E.

Qu'entens-je ? Régulus ! & c'eſt ainſi qu'il m'aime
Mais je m'allarme en vain ; le Sénat le chérit :
A ſon zèle barbare, il n'aura point ſouſcrit.

A M I L C A R.

Le Sénat eſt trompé.

M A R C I E.

Se peut-il ? quel myſtere ?
'Achevez... je frémis.

A M I L C A R.

Cette horrible lumiere....

M A R C I E.

Mon cœur en a beſoin.

A M I L C A R.

Je vais le déchirer.

M A R C I E.

Le doute eſt plus affreux ; parlez, ſans différer.

A M I L C A R.

Hé bien ! connoiſſez donc l'épouvantable abîme

Où fe jette aujourd'hui votre Epoux magnanime,
Connoiffez Régulus; il confeille aux Romains
De ne point accepter l'offre des Africains :
Si le Sénat l'écoute, il rentre en efclavage ;
Mais il cache au Sénat qu'il entraîne ou partage,
Qu'un fupplice inoui, par la haine infpiré,
S'il revient fur nos bords, eft pour lui préparé.

M A R C I E.

Cieux, tonnez fur Carthage, & fauvez fa victime !
Quel que foit, Amilcar, le foin qui vous anime,
D'un avis important je rends grace au deftin.
De Rome & du Sénat cet afyle eft voifin,
Un moment y conduit; j'y cours, à l'inftant même,
Attendrir tous les cœurs pour un Héros que j'aime.
Dieux juftes, Dieux vengeurs, faites valoir fes droits;
Infpirez fon Epoufe, & parlez par fa voix !

S C E N E   V I.

AMILCAR, (feul.)

LE trouble, la douleur, & l'effroi de Marcie,
Mieux que tous mes efforts, vont fervir ma patrie.
Je fatisfais mon cœur, en parlant pour l'Etat ;
A mes concitoyens j'épargne un attentat,
Je ne les trahis point.

SCENE VII.

AMILCAR, REGULUS.

AMILCAR.

Viens, mortel inflexible,
Implacable ennemi, plus que nous infenfible :
Viens t'applaudir encor de m'avoir outragé.
S'il s'oppofe à ta perte, Amilcar eft vengé.

REGULUS, (*de l'air le plus fombre.*)

Rejoins tes Africains : dis-leur que leur ôtage
Va bientôt avec eux retourner à Carthage.

AMILCAR.

Tu quitterois ces lieux !

REGULUS.

Je l'efpere du moins.

AMILCAR.

Quoi ? les nœuds les plus chers...!

REGULUS.

Mon cœur a d'autres foins.
Carthage me verra, courageux & fidèle,
Du refpect des fermens lui laiffer un modèle.
Vas, quel que foit l'excès de fa férocité,
Souffrir pour fon païs n'eft point l'adverfité.
Je l'avouerai pourtant; à ce retour pénible,
Mon cœur, qui s'y réfout, eft loin d'être infenfible.
Mais il eft, je le fens, des devoirs révérés,
Qui, pour être cruels, n'en font pas moins facrés;
L'homme doit les remplir, c'eft fon plus beau partage.
Il doit à ces devoirs mefurer fon courage;
Ou, laiffant le mépris s'attacher à fes pas,
Il fe creufe un tombeau, même avant fon trépas.

AMILCAR.

Malheureux! quand tes Dieux aux miens te redemandent,
Veux-tu que je te traîne aux tourmens qui t'attendent?
Moi même, je ne puis y fonger fans terreur;
Contemple leur image & connois-en l'horreur.
Vois notre orgueil bleffé, fe changeant en furie,
Dévouer aux douleurs les reftes de ta vie;
Et par tes fiers dédains tes bourreaux excités,
Appefantir fur toi leurs bras enfanglantés.
Vois le fer & le feu lentement te détruire,
Et la mort, pour toi feul, cent fois fe reproduire.

R E G U L U S.

'Amilcar, on saura, sous le Ciel Africain,
Ce que peut la constance & le cœur d'un Romain.

A M I L C A R.

Eh ! quoi ! ton front est calme, & c'est moi qui frissonne ?
Quelle est cette vertu dont l'ascendant m'étonne ?
Que ton sort, Régulus, ne dépend-il de moi !
Ton ennemi sauroit te sauver malgré toi.
Adieu.... ne me hais point. Ce cœur fier & sauvage
Admire l'héroïsme, applaudit au courage...
Puissé-je partir seul ! puissent mes soins heureux
Soustraire à ses destins un mortel généreux !
Je veux pour mon païs des succès légitimes ;
Il lui faut des rivaux, & non pas des victimes.

S C E N E   VIII.

R E G U L U S, (*seul.*)

Dieux ! m'auroit-il trahi ? me voilà libre enfin !
Malheureux ! quels combats s'élevent dans mon sein !
Combien j'ai dévoré de soupirs & de larmes ?
Quoi ! je vais vous briser, nœuds si remplis de charmes !..
Pardonne, chere Epouse, au rigoureux devoir

Qui

Qui m'a fait un tourment du plaifir de te voir.
Je fouhaite en fecret, & je crains ta préfence.
Pleurs que j'ai retenus, coulez en fon abfence.
Mais que faifoit mon Fils?... mes yeux ne l'ont point vû...
Je le perds, il échappe à ce cœur éperdu;
Je mourrai fans le voir!... toi, fa mere, ô Marcie!
J'aurai fait en tout tems le malheur de ta vie.
Enchaînée à mon fort, dès tes plus jeunes ans,
Tu m'as facrifié tes jours les plus brillans;
Et voilà donc le prix de ta noble tendreffe,
De ce cœur courageux, qui pour moi s'intéreffe!
Si je pars, des Bourreaux m'attendent loin de toi...
N'importe; j'ai promis, je garderai ma foi.
Vous, du falut public autrefois les victimes,
Retracez à mes yeux vos dévoûmens fublimes.
Intrépides Romains, magnanimes héros,
J'apperçois vos Autels, & non pas vos tombeaux.
La vie eft un moment; la mort n'eft qu'un paffage;
Mais, le nom qu'on s'eft fait, s'étendra d'âge en âge;
Il n'eft rien qu'à la fin le tems n'ait abbatu;
Tout périt, hors la gloire, & furtout la vertu.

(Se retournant vers la Statue de Bellone.)

Sœur terrible du Dieu qui préfide aux batailles,
Qui cimentas de fang ces antiques murailles,
A mes Juges, Bellone, infpire ta fureur.
Puiffé-je en ce moment leur tranfmettre mon cœur!

Souviens-toi des combats, des jours où fur ta trace
Je courois dans nos rangs défier ton audace,
Et, fi tu veux païer tout ce qu'a fait mon bras,
A mes Concitoïens fais vouloir mon trépas.

SCENE IX.

MARCIE, REGULUS.

MARCIE, (*arrivant.*)

Qu'entends-je ? fon trépas !...

REGULUS, (*fe relevant.*)

Ciel ! Marcie !...

MARCIE.

Ah ! barbare !...
Tu hâtes par tes vœux l'inftant qui nous fépare !
Quoi ! je fuis dans tes bras !.... combien je t'ai pleuré !
Et tu voulois me fuir ! va, j'ai tout réparé.
Cruel, tu m'es rendu : le Sénat qui t'admire
Tremble & frémit du piége où tu l'allois conduire :
Tous les cœurs font à toi .... quel moment !...

REGULUS.

Que dis-tu ?

MARCIE.

Oui; nous te défendrons de ta propre vertu.
Pour te rendre à ton fils, à sa mère qui t'aime,
Il faut donc, malheureux, t'arracher à toi même!

REGULUS.

D'où naissent ces transports, d'où venoit cet effroi?

MARCIE.

Je sais tout d'Amilcar. Moins rigoureux que toi,
C'est lui que je craignois, & c'est lui qui m'éclaire.

REGULUS.

Quel trouble! quel discours! qu'as-tu donc osé faire?

MARCIE.

J'ai couru, j'ai volé, l'œil inondé de pleurs.
L'enceinte, où de nos loix régnent les défenseurs,
A soudain retenti de mes trop justes plaintes;
Les Sénateurs émus ont ressenti mes craintes,
Et ma main, prévenant les plus noirs attentats,
Te ravit au cercueil qui s'ouvroit sous tes pas.
J'ai de tous nos malheurs retracé l'origine,
La rigueur de tes fers, la mort qu'on te destine;
Oui, je l'ai révélé, ce secret plein d'horreur,

Qu'un silence sublime enfermoit dans ton cœur :
J'ai peint tes jours en proie à des monstres impies,
Dans l'art des cruautés surpassant les furies,
Et, pour t'ôter des jours long-tems infortunés,
Dérobant un supplice aux enfers étonnés.
L'excès du désespoir me tenoit lieu d'audace :
Je n'ai rien épargné, cris, prières, menace.
A mes récits affreux, tous les fronts ont pâli ;
De tendresse & d'effroi les cœurs ont tressailli ;
Et de tous, sans rougir, j'ai brigué le suffrage....
Ce noble abaissement déplait à ton courage ;
Mais, à ta plainte ici laissant un libre cours,
Je serai fière encor, si j'ai sauvé tes jours.

R E G U L U S, (*avec vivacité.*)

Digne fruit de tes soins... dans leur ardeur trop prompte,
Loin de la prévenir, as-tu juré ma honte ?
A tes vaines frayeurs serai-je donc soumis ?
Et faut-il te compter parmi mes ennemis,
Parmi ceux de l'Etat ?

M A R C I E.

De l'Etat ! à quel titre ?
Je prends Rome aujourd'hui, l'univers pour arbitre.
Eh ! que n'as-tu point fait pour tes Concitoïens ?
Tu renonças pour eux à de paisibles biens :
Pour défendre leurs murs, troublé dans ton asyle,

Oublié, quand ton bras ne put leur être utile ;
De leur gloire occupé dans l'un & l'autre fort,
A ton amour pour eux, que manque-t-il ?

REGULUS.

Ma mort.

MARCIE.

Tu m'arraches le cœur !... & ton fils & ta femme
N'ont-ils pas, Régulus, quelques droits fur ton ame ?
Verras-tu, d'un œil fec, & fes pleurs & les miens ?
Quand tu peux les ferrer, rompras-tu nos liens ?
Si tu veux nous ravir notre unique efpérance,
Si rien ne peut fléchir ta farouche conftance,
Peins-toi mon abandon, & vois, dès aujourd'hui,
Ton Epoufe expirante, & ton fils fans appui.

(Régulus fe détourne pour cacher fon attendriffement.)

Tu m'aimas !... ah ! ton cœur infidèle & parjure
Doit-il donc tout à Rome, & rien à la nature ?

REGULUS; *(avec le plus grand trouble.)*

Elle aura mes regrets ; elle eut mes premiers vœux.
De ce cœur déchiré plains l'effort douloureux,
Son trouble, fes combats... fa foibleffe peut-être.

(avec enthoufiafme.)

Que dis-je ? moi trahir les bords qui m'ont vu naître !

La Patrie est un corps respectable & sacré.
Qui de nous peut, sans crime, en être séparé ?
Lui prodiguer son sang, la servir, la défendre ;
Vas, crois-moi, ce n'est point lui donner, c'est lui rendre.
Ne lui devons-nous pas, rangs, honneurs, sûreté ;
Le nom de Citoïen, surtout, la liberté ;
La liberté !.. sans qui l'homme cesse d'être homme,
Le fondement, l'orgueil & la gloire de Rome ?
Il faut de quelque peine acheter sa douceur :
Mais, exempt de travaux, a-t-on droit au bonheur ?
L'ingrat qui le prétend, qu'il s'éloigne, qu'il fuie,
Qu'il aille loin du Tibre, ensevelir sa vie,
Et malheureux par tout, chassé de l'univers,
A des monstres errans disputer les déserts !

MARCIE.

Ah ! Dieux ! combien ton zèle & t'aveugle & t'égare !
Peut-on être, à la fois, & sensible & barbare ?
Mais quelle est donc enfin, quelle est ta liberté,
Ce don si précieux, & par toi si vanté ?
Des maux qu'elle t'a faits revoi la triste image.
Depuis douze ans, ta vie est un dur esclavage :
Ose me démentir. Depuis ce tems, dis-moi,
Un jour, un seul moment, as-tu joui de toi ?
De l'amitié paisible as-tu goûté les charmes ?
Peux-tu chérir un bien qui fait couler mes larmes ?
Je ne puis commander au trouble de mes sens.

Enfin, ouvre tes yeux éblouis trop long-tems;
Reviens à la nature : être Epoux, être pere,
En respecter toujours le sacré caractere,
Voilà les premiers nœuds, le véritable honneur,
Les loix saintes de l'homme & surtout son bonheur.

REGULUS, (*avec vivacité.*)

Marcie !.....

MARCIE.

A ces transports, à ta noble colère,
Je répondrai deux mots : Je suis Epouse & mère.

REGULUS,

(*avec une sorte de fureur.*)

Sois Romaine.

MARCIE,

(*se jettant dans ses bras avec le plus grand attendrissement.*)

Cruel !

REGULUS,

(*troublé & d'une voix attendrie.*)

Va rejoindre ton fils.

MARCIE.

Que lui dirai-je, hélas ! dans le trouble où je suis ?
Avec moi renfermé sous un toît solitaire,

Sans cesse à ma douleur il demande son Père.
De son âge innocent il dédaigne les jeux :
Le fils de Régulus est déja malheureux !
Songe avec quels transports, quelle touchante ivresse,
Tu reçus dans tes bras ce fruit de ma tendresse !
Toi, qui l'as tant chéri, tu vas donc l'immoler ?
Instruit par tes leçons, il peut te ressembler.
Ses progrès, son ardeur auroient pour toi des charmes,
Déja sa foible main a soulevé des armes.

(Régulus fait un mouvement de joie.)

Digne d'être ton fils, il se fait mille fois,
Toujours plus attentif, raconter tes exploits.
Souvent même, au récit de ta longue souffrance,
Il semble être saisi d'un instinct de vengeance ;
Et, de mon désespoir prévenant les éclats,
Il vient, avec des cris, se jetter dans mes bras . . .
Oui, je l'ai vu souvent, pour toi quel doux présage !
Frissonner de colère, au seul nom de Carthage.
Tu sembles t'attendrir !

REGULUS, (retenant ses larmes.)

Je reconnois mon fils . . . .

Il sera quelque jour l'honneur de son païs.

MARCIE.

Ton égal, ton vengeur, si tu veux le conduire.

REGULUS.

Mon exemple & son nom suffiront pour l'instruire ;
Mais que vient-on m'apprendre ?

SCENE X.

MARCIE, REGULUS, PRISCUS.

REGULUS.

Eh bien ! fuis-je trahi ?
Réponds.

PRISCUS.

Par ce billet vous ferez éclairci.

MARCIE,

(*avec trouble, & fe jettant fur la lettre.*)
Une lettre !... donnez.

REGULUS.

Que faites-vous, Marcie ?
Ofez-vous ?

MARCIE.

J'ofe tout, quand je crains pour ta vie.
(*Elle lit.*)

» Tes confeils, au Sénat, ont prévalu par moi ;
» Je les ai foutenus, en ami d'un grand homme ;

» Je n'ai vû que ta gloire & l'intérêt de Rome.
» Moi-même, ô Régulus, j'ai parlé contre toi. »

R E G U L U S.

Rome l'emporte enfin !

M A R C I E.

         Je reste anéantie.
Voilà donc ton Arrêt.

R E G U L U S.

         Mon triomphe. O Patrie !
Généreux Manlius !

M A R C I E.

         C'en est trop : à ce nom,
Mon cœur n'écoute plus ni conseil, ni leçon.
Je ne saurois souffrir qu'on me vante un barbare,
Qui te donne la mort, nous perd & nous sépare ;
Nous séparer ! qui ? lui !... tu peux y consentir !...
Cher Epoux....

R E G U L U S.

Que veux-tu ?

M A R C I E.

             T'émouvoir, te fléchir,
T'arracher au trépas.

REGULUS, (*avec la plus grande chaleur.*)

Eh ! qu'eft-ce que la vie ,
Quand il faut la traîner avec ignominie ?
De tes cruels regrets, vas , je fuis pénétré ....
Mais , voudrois-tu , dis-moi , d'un cœur déshonoré ?
Les Dieux veulent ma mort : voi leur main vengereffe ,
D'affronts multipliés accabler ma vieilleffe.
Cédons à leurs décrets , livrons à leur courroux
Une victime pure & digne de leurs coups.
Au lieu de l'ébranler, affermis mon courage :
Entre mon fils & toi mon ame fe partage;
Je le chéris , je t'aime , & mes vives douleurs ....
Viens , ouvre-moi tes bras ... que j'y cache mes pleurs....

(*Après un moment de filence.*)

Malheureux ! Ciel ! Marcie ?... ah ! cher Prifcus, pardonne
Ce refte de foibleffe où mon cœur s'abandonne;
Va dire à Manlius qu'il a rempli mes vœux :
Il eft ami fidèle , & Romain généreux :
Mais s'il ne pourfuit point , il n'a rien fait encore.
Pour hâter mon départ , c'eft lui feul que j'implore.
Un cœur tel que le fien ne peut fe démentir;
S'il aime Rome enfin , qu'il m'en faffe fortir.

(*Prifcus fort.*)

SCENE XI.

REGULUS, MARCIE.

MARCIE.

Qu'entends-je ? où suis-je ?... on vient : ah ! le Tribun s'avan
Son aspect me rassure, & me rend l'espérance.

SCENE XII.

MARCIE, REGULUS, LICINIUS.

MARCIE.

Que vois-je ? quelle joie éclate dans vos yeux ?

LICINIUS.

Tout le Peuple est pour nous, & nous aurons les Dieux.

REGULUS.

Quels sont donc les affronts qu'ici tu me prépares ?

LICINIUS.

On doute que la foi soit due à des barbares ;

Et, pour vous dégager d'un horrible ferment,
Les augures par moi s'affemblent à l'inftant.

R E G U L U S, (hors de lui.)

Ces inutiles foins font pour moi des injures :
Mon cœur & mes fermens, ce font là mes augures.
Je cours au Peuple....

M A R C I E.

(Tombant à fes genoux & fe retournant vers Licinius.)

       Ah ! Dieux ! mon cher Licinius,
Défarmez votre ami qui ne me connoît plus.
Uniffez vos efforts à mes vaines allarmes.

L I C I N I U S.

Eh ! qu'efpérer d'un cœur qui réfifte à vos larmes ?

M A R C I E, (avec des cris.)

Quoi, ton fils ! quoi, fa mere !

R E G U L U S, (du ton le plus pathétique.)

       Ils me font chers tous deux.
Ne vivant que pour vous, j'euffe été trop heureux.
J'ai cru m'unir à toi fous de meilleurs aufpices.

(Il s'arrache de fes bras.)

Mais la haute vertu veut de grands facrifices.

M A R C I E.

Tu veux donc mon trépas?

R E G U L U S,

(Se jettant dans ses bras & s'en arrachant soudain.)
Laisse-moi.

M A R C I E.

Je te suis.

Licinius!...

L I C I N I U S.

Je cours assembler nos amis.

Fin du second Acte.

ACTE III.

Tout eſt prêt pour l'embarquement de Régulus : un Peuple innombrable, qui vient ſucceſſivement ſur ſes pas, lui ferme le paſſage aux vaiſſeaux qui ſont figurés dans le lointain.

SCENE PREMIERE.

REGULUS,

(Suivi d'une foule de Romains, au milieu deſquels il ſe débat avec indignation.)

AH ! laiſſez-moi, fuyez, ouvrez-moi le paſſage.
L'opprobre d'un Romain, ô Rome, eſt ton ouvrage !
Fondateurs de l'Empire, illuſtres demi-Dieux,
Qu'un airain immortel reproduit à mes yeux,
Vous, dont le ſang coula pour venger la Patrie,
So˝ez les défenſeurs de ma gloire flétrie ;
Sortez de vos cercueils, & , garants de ma foi,
Paroiſſez tout-a-coup entre ce Peuple & moi.
Dans les fers de Carthage, hélas ! je fus plus libre,
Que dans ces murs ſacrés arroſés par le Tibre.

On commande à mes vœux, on enchaîne mes pas !
On ne craint point ma honte ; & l'on craint mon trépas !

SCENE II.

LICINIUS, (*environné par le Peuple.*)
REGULUS.

LICINIUS.

Non : Rome ne veut point que Régulus la quitte.
Je remplis, en son nom, la Loi qui m'est prescrite.
J'obéis à l'augure, au Peuple, à l'équité :
Je défends la vertu, je sers l'humanité.

(*à Régulus, avec la plus grande vivacité.*)

Lorsque je te dois tout, prétends-tu que moi-même,
J'aille à ses assassins livrer l'Ami que j'aime ?...
Non. Cherche une autre main pour servir tes fureurs.
L'interprète du Peuple est l'organe des cœurs :
J'apporte ici leur vœu si pressant & si tendre,
Qui devroit t'émouvoir, que tu rougis d'entendre ;
Ce cri de la douleur qui, montant jusqu'aux cieux,
Va leur redemander un héros malheureux.
Ah ! laisse-moi céder à a reconnoissance ;
Souviens-toi de tes soins a former mon enfance.
Si j'ai quelques vertus, dignes d'un Citoyen,

Souviens

Souviens-toi que mon cœur les puifa dans le tien ;
Et pardonne aux efforts qu'au nom de la patrie,
Je fais pour te venger, & pour fauver ta vie.
Plutôt qu'un fi grand cœur fut outragé par moi ;
Cette main verferoit tout mon fang devant toi :
Mais, quand tu cours remplir des devoirs trop funeftes ;
Tout veut qu'on te retienne, & tout veut que tu reftes.

REGULUS, (*avec emportement.*)

Que je refte, grands Dieux ! non, ne l'efpérez pas :
Non, laiffez-moi vous fuir, m'arracher de vos bras.
C'eft une lâcheté que des Romains demandent ;
Et c'eft de Régulus que des Romains l'attendent !
Eh ! lorfque Curtius, par la gloire enflammé,
Dans un gouffre entr'ouvert fe jetta tout armé ;
Quand Scévole, bravant un pouvoir inutile,
Sur un foïer brûlant tint fon bras immobile ;
Quand le vieux Décius, pour finir en héros,
Ofa fe dévouer aux mânes infernaux,
Enfonça des Latins les phalanges hautaines,
Et fauva par fa mort les Légions Romaines ;
Quand fon fils, imitant cette noble fureur,
Au Samnite infolent renvoïa la terreur ;
Quel Romain condamna leur audace intrépide ;
Refroidit leur ardeur par un zèle timide ;
Leur propofa de vivre !... & crut les retenir
Par l'effroi des tourmens, ou la peur de mourir.

D

LICINIUS.

Qu'ofes-tu m'oppofer ? une mort glorieufe
Etoit le digne prix d'une ardeur généreufe :
Mais toi, veux-tu périr dans la honte des fers ?

REGULUS, *hors de lui*

Eh ! pourquoi les brifer, dis-moi, s'ils me font chers ?
Ces chaînes font ma gloire & la rendent plus ;

(*au Peuple.*)

Si vous me les ôtez, je ne fuis qu'un parjure ;
Un traître, un fugitif, à qui, même en ces lieux,
Le dernier Citoïen feroit baiffer les yeux.

LICINIUS.

Eh ! bien ! cède, en aveugle, au zèle qui t'enflâme ;
Au fanatifme ardent qui defféche ton ame ;
Immole ton Epoufe, abandonne ton fils ;
Repais-toi de leurs pleurs, n'écoute point leurs cris ;
Laiffe un infortuné, dont l'amitié t'outrage ;
Fuis, cours, vas défier les bourreaux de Carthage :
Que par eux déchiré !... tout mon cœur a frémi :
Daignez tourner encor les yeux fur votre ami ;
Mon Protecteur !... mon Pere ! ainfi d'affreux fupplices
Paîront tant de vertus, d'exploits & de fervices !

REGULUS.

J'ai fait ce que j'ai dû, quand je vous ai servis ;
Mais, il est un moïen de m'en rendre le prix.

LICINIUS.

Comment ?

REGULUS.

        Les Africains que j'ai trop su connaître,
Ont cru dans Régulus vous envoïer un traître,
Qui de leur cruauté voudroit se préserver,
Et viendroit vous trahir, afin de se sauver.
Ah ! c'est-là pour mon cœur la plus sensible offense.
Eh bien ! si vous m'aimez, embrassez ma vengeance :
C'est la vôtre : armez-vous, armez mille vaisseaux ;
Cherchez, au sein des mers, des triomphes nouveaux :
Teints d'un sang odieux, rapportez sur ces rives
Vos Drapeaux enlevés & vos Aigles captives :
Ne quittez point le fer, que vos Rivaux punis
N'expirent étendus sur de sanglans débris.
Eternel monument de la rage Africaine,
Que ma mort dans vos cœurs soit un titre de haine !
Pour vous guider encor, mes mânes en courroux,
S'élevant dans vos rangs, marcheront devant vous ;
Et mon nom, devenant le signal du Carnage,
Du fond de mon tombeau je détruirai Carthage.
Cet espoir ennoblit le trépas où je cours.

D ij

Ne bornons point la vie au terme de nos jours;
Brutus n'est plus, Brutus respire encor dans Rome :
Amis, le lâche meurt, & jamais le grand homme.
Quel prix du sacrifice, & pour moi quels honneurs,
Quand je serai nommé parmi vos bienfaiteurs;
Lorsque de vieux Romains, héritiers de mon zèle,
A leurs Enfans, un jour, m'offriront pour modèle !

LICINIUS.

Est-ce un Dieu qui nous parle ? Ah ! jouis, Régulus,
De l'attendrissement qu'excitent tes vertus,
Vois les larmes couler. Rome entiere qui t'aime,
Gémissante à tes pieds t'implore pour toi même.

(*Licinius veut tomber aux pieds de Régulus, qui le releve*
avec une surprise mêlée d'indignation.)

SCENE III.

LICINIUS, REGULUS, MANLIUS,
LICTEURS, PEUPLE.

REGULUS,

(*D'un air morne.*)   (*avec transport.*)

Le Consul m'abandonne. Ah ! c'est lui que je voi.
Viens, mon cher Manlius, viens t'unir avec moi;
Approche, ... les cruels, par pitié, me trahissent,

Et penſent m'honorer, alors qu'ils m'aviliſſent.
Seconde moi, commande, oſe leur réſiſter.

M A N L I U S.

Je t'entends ; je frémis, & ſaurai t'imiter.
Citoïens, que l'on ouvre un chemin au rivage !

L I C I N I U S.

Amis de Régulus, fermez-lui le paſſage.

M A N L I U S.

Que fais-tu ?

L I C I N I U S.

Mon devoir.

M A N L I U S.

Licteurs !

L I C I N I U S.

Peuple !

R E G U L U S,

(avec la plus grande chaleur, au Peuple qui
fait un mouvement.)

Arrêtez :
Un Tribun eſt le ſeul qu'ici vous écoutez !

Peuple que j'ai fervi, Peuple d'ingrats que j'aime,
J'allois chercher la mort : eh ! bien ! frappe toi-même ;
Dégage mon ferment.... Non, vous êtes Romains ;
Vous allez, à l'inftant, m'ouvrir tous les chemins.
Je fais, qu'au fond du cœur, chacun de vous m'envie,
Et fait des vœux fecrets, pour perdre ainfi la vie.
Un moment de pitié furprit votre vertu ;
Mais vous en rougiffez ; l'honneur a reparu :
Vous avez furmonté cette indigne foibleffe :
Je le vois.... dans vos cœurs a paffé mon ivreffe.
Dieux ! le rivage eft libre !... Africains, je vous fuis.

S C E N E   IV.

BARSINE, MARCIE, ATTILIUS, REGULUS, MANLIUS.

(Régulus est prêt à s'avancer vers le rivage, lorsque Marcie entre, accompagnée de son Fils, que suit un gros de Peuple. Marcie, dans ce moment, a plusieurs Femmes à sa suite.)

MARCIE, & son Fils; les mêmes.

MARCIE,

(Courant au-devant de Régulus, & lui présentant son Fils.)

AVANT d'aller mourir, embrasse au moins ton Fils.

REGULUS.

Mon Fils! ah! malheureux! qu'on l'éloigne.

ATTILIUS.

Mon Père!
Quoi! vous abandonnez votre Fils & sa Mère!

Vous voulez nous quitter, pour courir au trépas !
Et, quand je vous revois, c'eſt pour vous perdre !

REGULUS.

ATTILIUS.   Hélas!

Ne partez point ; ſoïez l'appui de ma jeuneſſe :
Que je puiſſe vous voir, vous contempler ſans çeſſe !
Laiſſez dans votre cœur, foible une ſeule fois,
Pénétrer les accens de ma timide voix.
Au nom de mon amour, de mes pleurs, de mon âge,

(*Avec le cri de la douleur.*)

Laiſſez-vous attendrir . . . . N'allez point à Carthage.

REGULUS,

(*après avoir ſerré ſon Fils long-tems dans ſes bras.*)

Que ne puis-je dans toi, formant mon ſucceſſeur,
Laiſſer à mon Païs un nouveau défenſeur !
Ne me reproche point un départ néceſſaire :
Un jour, ta fermeté juſtifiera ton Pere.
O mon Fils, mon cher Fils ! au lieu de t'affliger,
Que ton bras, jeune encore, apprenne à me venger !
Attends, pour me pleurer, qu'il ait puni Carthage.
Tous ces braves Romains guideront ton courage :
Il n'en eſt pas un ſeul qui ne ſoit ton ſoutien ;
Et je te laiſſe un Pere en chaque Citoïen.
Viens, reçois mes adieux... viens, mon Fils....

M A R C I E.

Ah ! barbare !
Sont-ce là les adieux que ton cœur nous prépare ?
Eh ! bien ! puifque les pleurs ne peuvent rien fur toi,
Puifque Rome triomphe & l'emporte fur moi,
Permets, du moins, permets que, fuïant ce rivage,
Attílius & moi, te fuivions à Carthage.
J'irai ; j'attendrirai ces tigres furieux,
Sur le fort d'un Héros plus infenfible qu'eux :
Tu connoîtras enfin, fauvé par mes allarmes,
Les droits de la nature & la force des larmes ;
Ou, fi malgré mes cris, je me vois repouffer,
Altérés de ton fang, s'ils ôfent le verfer ;
Multipliant alors les bourreaux & les crimes,
Ils pourront, au lieu d'une, égorger trois victimes.

R E G U L U S.

Qu'entends-je ?.. où fuis-je ? Ah ! Dieux ! toi me fuivre ! qui ? toi !
Veille fur notre Fils … qu'il foit digne de moi !
Que parmi nos Guerriers la gloire un jour le nomme !
Tu te dois à ce Fils, & tu le dois à Rome.
Qu'il garde fes fermens ! qu'il s'exerce aux travaux !
Qu'il vive en Citoïen, & qu'il meure en Héros !
Dans tous les tems Marcie aux Romains fera chere,
Du Fils de Régulus on aimera la mere.

(*Les embraffant.*)

Marcie, Attilius, féparons-nous.

M A R C I E, (*au Peuple.*)

                        Cruels !
Pourrez-vous les souffrir ces apprêts criminels ?
Voyez ses meurtriers féroces & parjures,
Prolongeant avec art ses jours dans les tortures !
Régulus ! lui, périr ! lui, votre bienfaiteur !
Non ... le trépas n'est dû qu'à son persécuteur,
A Manlius.

R E G U L U S, (*avec la plus grande chaleur.*)

             Réprime un transport si coupable :
La vertu qu'on accuse en est plus respectable.
Honteux de tes soupçons & contre eux affermi,
Je cours les abjurer dans le sein d'un ami.

     (*Il se précipite dans les bras de Manlius.*)

M A R C I E.

Ton ami ! Ciel !... Romains, ôserez-vous l'en croire ?

R E G U L U S.

Il mérite ce titre ; il a sauvé ma gloire.
Viens expier, mon fils, un outrage odieux :
Voilà ton protecteur.

      (*Il remet son fils à Manlius.*)

M A N L I U S.

J'en attefte les Dieux.
Je jure à l'amitié, de lui fervir de Père ;
Je le jure à toi-même, aux yeux de Rome entiere.
Je pardonne à Marcie un excès de douleur :
Je n'en ai point rougi ; j'étois fûr de mon cœur ;
Je connoiffois le tien : un jour, un jour peut-être,
Elle fera plus jufte, & pourra me connoître.
Je fais, ô Régulus, te plaindre & t'admirer ;
Mais, je ne te fais point l'affront de te pleurer.

R E G U L U S.

Et voilà l'amité dont Régulus s'honore !
Je vais mourir content.... mais, qui m'arrête encore ?
Je fuis : c'eft trop long-tems demeurer en ces lieux,
Déshonorer ce jour, & fouiller nos adieux.
Marcie !... ah ! cache-moi ces honteufes allarmes :

(aux Gardes.)

Qu'on l'entraîne.... mon fils, je te défends les larmes.

M A R C I E.

(Le fuivant de l'œil, & le voïant monter dans fon vaiffeau.)

Je meurs.
*(Elle tombe entre les bras de fes femmes, & fon Fils
fe jette dans les fiens.)*

L I C I N I U S.

O Régulus!

R E G U L U S,

(du haut de ses vaisseaux.

Veillez, ô mes amis,
Sur les jours de ma femme, & sur ceux de mon Fils!

Fin du troisieme & dernier Acte.

VERS

Préfentés à Madame la DAUPHINE *, le jour qu'elle vint à la Comédie Françoife, fans être annoncée.*

QUOI? fous un nuage envieux,
Croïez-vous, augufte Dauphine,
Pouvoir vous cacher en ces lieux?
Lorfque Vénus defcend des cieux,
On fent l'influence divine
De fon afpeét majeftueux,
Et, lorfque vous trompez leurs yeux,
Le cœur des François vous devine.

VERS

Présentés au R O I *, après la représentation de la Feinte par Amour, à Choisy.*

DES Souverains, quoi ! le plus adoré,
A mes essais daigne sourire !
Ah ! plus mon cœur est enivré,
Moins j'ai de force pour le dire.
Des Ecrivains heureux que leur siecle chérit,
Un autre âge souvent vient faner la couronne :
Mais rien jamais ne la flétrit,
Lorsque c'est LOUIS qui la donne.
Une timide fleur, peu faite pour briller,
Loin de lui languissoit encore ;
Sous ses yeux elle vient d'éclore...
Et la fleur se change en laurier.

LA FEINTE

PAR AMOUR,

COMEDIE

En trois Actes & en Vers.

MELISE, *jeune Veuve*.... Mlle. Doligny.
DAMIS, *Amant de Mélise*.. M. Molé.
LISIMOND, *Oncle de Mélise*... M. Feulie.
FLORICOURT.. M. Monvel.
DORINE, *Suivante de Mélise*.. Mlle. Fanier.
GERMAIN, *Laquais de Damis*.   M. Augé.

La Scène est dans la Maison de Lisimond,
commune à Mélise & à Damis.

LA

LA FEINTE

PAR AMOUR.

COMÉDIE.

ACTE I.

SCENE PREMIERE.

DORINE, GERMAIN.

GERMAIN.

Ce que c'est d'habiter dans le même logis!
On va, l'on se cultive & l'on voit ses amis.

DORINE.

Ton maître?..

GERMAIN.

Quel motif peut ici te conduire?

E

D O R I N E.

Un billet qu'à Damis Mélife vient d'écrire.

G E R M A I N.

Billet doux?

D O R I N E.

Il fuffit; tout va fe déclarer.

G E R M A I N.

Tu n'aimes point Damis? …

D O R I N E.

Eh! comment l'endurer?
Quel homme!…

G E R M A I N.

Réfervé, n'ofant rien fe permettre.

D O R I N E.

Monfieur apparemment craint de fe compromettre.
C'eft un air, c'eft un ton équivoque & difcret,
Un feu fourd qui veut naître & foudain difparoît.
Je veux, moi, qu'en aimant l'on bavarde, l'on rie,
Qu'on fe plaigne, fe brouille & fe réconcilie.

GERMAIN.

Qu'on ait le Diable au corps.

DORINE.

Ton Damis ne l'a pas;
Il est du plus beau froid!...

GERMAIN.

Il te faut des éclats,
Des soins... marqués.

DORINE.

Oh! oui!

GERMAIN.

Sur ce pied-là mon maître,
Neuf ou dix mois plutôt, étoit ton fait peut-être.
Moi je l'ai vu, soumis à la commune loi,
Prodiguer, comme un autre, & son cœur & sa foi.
Il est vrai qu'aujourd'hui ce n'est plus le même homme,
Et, je te l'avouerai, quelques fois il m'assomme
Avec son air tranquile & son ton mesuré.
Non, depuis sa réforme, il n'est plus à mon gré;
J'en suis fâché pour lui.

DORINE.

                    Tu n'es pas à connoître
De quels graves motifs sa réforme a pu naître.

GERMAIN.

Mais... j'en fixe l'époque au goût très-singulier
Que pour certaine femme il eut l'hyver dernier.
C'étoit un vrai lutin, ne voulant que séduire,
Attirant avec art, dans l'espoir d'éconduire,
Bien parjure, bien gai, de tout faisant un jeu :
Il alla brusquement l'étourdir d'un aveu ;
La Dame s'en moqua, prit son vol de plus belle ;
Et voila vingt amans attroupés autour d'elle.
Le dépit, la fureur, la plainte étoient son lot :
Bref, l'amour cette fois n'en avoit fait qu'un sot.
Depuis cet accident, il a juré sans doute,
Voulant un autre sort, de prendre une autre route,
D'élaguer les soupirs, les protestations,
Et d'être moins alerte en déclarations.
Quelqu'amoureux qu'on soit, Dorine, Dieu sait comme
Quatre mois de rigueur découragent un homme !

DORINE.

C'est ce qui m'a semblé.

GERMAIN.

Malgré son changement,
Mélise l'aime enfin ... assez passablement.

DORINE.

Tu crois cela ?

GERMAIN.

Très-fort.

DORINE.

Va , va , pure chimere.

GERMAIN.

Point.

DORINE.

Allons , à vingt ans on n'aspire qu'à plaire.
Veuve d'un pédagogue , appellé son mari ,
Elle a pris dans le monde un maintien aguerri ,
Et , de la liberté connoissant l'avantage ,
Elle ne voudra plus tâter de l'esclavage.
D'honneur , l'indépendance est un état charmant !
Les veilles , le spectacle , & les goûts du moment ,
Et la coquetterie à toute heure excitée ,
Et le renom flatteur d'une femme citée ,
Voilà ce qui l'enivre !... à quelques humeurs près ,

Qui depuis plusieurs jours ont voilé ses attraits.
Fiere d'accumuler conquête sur conquête,
Fort légere, un peu folle & pourtant très-honnête ;
Son unique desir, crois-moi, c'est de charmer :
Nous vous laissons le soin & l'embarras d'aimer.
Mais aussi, qu'un amant à mots couverts s'explique,
Qu'il élude l'aveu… ma foi, cela nous pique.
Vous entendre gémir & soupirer vos feux,
Moi, c'est-là dans l'amour ce que j'aime le mieux,
Un aveu réjouit…. un soupir intéresse.

GERMAIN.

Je suis tout stupéfait de ta délicatesse !
Mon maître cependant, Mélise en conviendra,
Peut tourner une tête alors qu'il le voudra ;
Et j'ai, moi qui te parle, adopté son système :
On se fait mieux aimer, ne disant pas qu'on aime.
J'ai donné dans le piege où lui-même il fut pris :
Eh ! bien, c'étoit l'enfer, & mépris sur mépris.
Tu n'imagines pas, pour les plus minces charmes,
Ce qu'il m'en a couté de soupirs & de larmes,
C'est une conscience !… il faut changer cela,
Et faire un peu la loi.

DORINE.

J'aime ce projet là.

GERMAIN.

Qu'il me vienne à préfent quelque adroite foubrette,
Je vous la mene un train!…

DORINE.

Oui-da ?

GERMAIN.

J'ai la recette.
Eh, ne valons-nous pas ton fublime Marquis,
Par fa frivolité connu dans tout Paris,
Etourdi s'il en fut, grand conteur de fornettes,
Et trop diftrait, furtout pour acquitter fes dettes ?
Mélife franchement….

DORINE.

Dis ce qu'il te plaira,
Nous favons mieux que toi tous les talents qu'il a.
Il doit, il fe ruine ?

GERMAIN.

On le dit.

DORINE.

Bagatelle.

E iv

Il subvient à propos aux langueurs de mon zèle,
Donne sans trop compter, & va toujours semant
Ce qui mene une intrigue & distingue un amant.

GERMAIN.

Comme il voudroit enfin avancer ses affaires,
N'a-t-il pas depuis peu doublé tes honoraires ?
Il a craint les langueurs…. n'importe, malgré toi,
Votre bon Oncle est fou de Damis & de moi.

DORINE.

Il est vrai que Damis aujourd'hui s'en empare.

GERMAIN.

Il nous a proposé sa nièce.

DORINE.

Le barbare !
Ne me parle jamais de ce vieux éventé.
C'est le dernier qu'il voit dont il est entêté;
Ce qu'il veut le matin, le soir peut lui déplaire;
Et, lassé de ton maître, il voudra s'en défaire :
Tête vague, esprit foible, & sans le moindre plan,
Ne fut-il pas jadis apprenti Courtisan ?
Je riois de le voir, dans son humeur caustique,
S'ériger en penseur, trancher du politique;

Affectant tous les airs, & n'en ayant aucun,
Il se croyoit utile, & n'étoit qu'importun.
Ce ton a disparu ; maintenant c'est un autre.
Il est peut-être bon : mais ce n'est pas le nôtre...
On entre : c'est Damis.... il a l'air de rêver.

SCENE II.

DORINE, GERMAIN, DAMIS.

GERMAIN.

Ne l'interrompons point.

DORINE.

Laisse-moi l'observer,

Chut.

GERMAIN, (à part.)

Il tient le portrait de Mélise elle-même :
Il croit que je l'ignore.

DAMIS,

(contemplant un portrait & à voix basse.)

Oui, c'est celle que j'aime.
Voilà ces traits si doux, ce naïf enjouement,
Ces regards où l'esprit est joint au sentiment.

Heureuse illusion , qui me rens sa présence ,
L'amour ne t'inventa que pour charmer l'absence.
Je ne sais cependant ; ce portrait séducteur ,
En captivant mes yeux , contente peu mon cœur.
Un reproche secret vient troubler mon ivresse.
Qu'est-ce qu'un bien qui pese à la délicatesse ?
Ce qui m'enchante ici , gage trop imparfait ,
N'est qu'un larcin , hélas ! & dut être un bienfait.

D O R I N E ,

(à part.   Haut à Germain.)

Il soupire !... sur quoi promene-t-il sa vue ?

G E R M A I N.

C'est que de ses bijoux il a fait la revue ;
C'est un portrait qu'il a tiré de son écrin.
De ces miseres là nous tenions magazin.

D O R I N E.

Un portrait !

D A M I S.

      Que dis-tu ?

G E R M A I N ,
(s'approchant à la gauche de Damis.)

         Je dis que quelque belle
Vous a sans doute fait cette faveur nouvelle.

DAMIS, (*à part.*)

Le drôle n'en croit rien.

DORINE,

(*s'approchant à la droite de Damis.*)

Monſieur !....

DAMIS, (*ſurpris.*)

Qu'eſt-ce ?

DORINE.   Un billet.

DAMIS, (*avec joie.*)

De Méliſe ?   DORINE.

Prenez, & liſez, s'il vous plaît.

DAMIS, (*à part.*)

Voyons : d'un vain eſpoir je me flatte peut-être....
(*après avoir parcouru le billet.*)
Me trompé-je ? comment !... ne laiſſons rien paroître.
(*Il relit le billet à voix baſſe.*)
» Vos aſſiduités, j'aurois du le prévoir,
» Fixent ſur moi les yeux d'un monde ſuſceptible.
» Echappons aux propos en ceſſant de nous voir.

” Quel que foit cet effort, j'ai cru me le devoir,
” Et votre calme heureux m'y rendra moins fenfible.

(*appercevant Germain qui a les yeux fur la lettre.*)
Que fais-tu là ? va-t-en.

G E R M A I N.

Pefte, il n'y fait pas bon !

D A M I S.

Qu'on fache fi bientôt je puis voir Lifimon.

(*Germain fort.*)

S C E N E III.

D A M I S, D O R I N E.

D A M I S, (*à part.*)

Comment interprêter.... je tremble....

D O R I N E.

Quel nuage...

D A M I S, (*haut, & affectant un air ferein.*)

Je dois récompenfer, Dorine, un tel meffage.

DORINE.

Vous mocquez-vous?

DAMIS, *(lui donnant sa bourse.)*

Prenez.

DORINE.

Soit : mais en vérité,
Vous pouviez être ingrat avec sécurité.

DAMIS.

Je hais ce vice là.

DORINE.

Vous êtes magnifique.
Ce procédé, Monsieur, est vraiment héroïque.
Je n'imaginois pas, (voyez le préjugé !)
Qu'à prix d'or quelques fois on payât un congé.

DAMIS, *(surpris.)*

Comment?

DORINE.

Vous le tenez.

DAMIS.

Je soutiens...

D O R I N E.

Je protefte....

L'argent eft bien donné... quitte à prouver le refte.

D A M I S.

Un congé, dites-vous?

D O R I N E, (*gaîment.*)

Oui, bien clair & bien net.

J'ai vu, n'en doutez pas, compofer ce billet;
J'ai vu, j'ai lu, relu le congé qu'il renferme :
Tant-pis, fi votre orgueil eft offenfé du terme.

D A M I S.

(*après une paufe, avec un dépit concentré & une*
gaîté contrainte.)

Je voulois de Mélife, en cette occafion,
Couvrir l'étourderie & l'indifcrétion :
A ce qu'il me paroît, ce zèle eft inutile.
Votre maîtreffe en moi trouve un ami docile,
Soumis, refpectueux, qui n'a point héfité
Pour foufcrire à l'arrêt que fon cœur a dicté.

D O R I N E.

J'admire le biais dont vous prenez la chofe.

Ainsi vous acceptez la loi qu'on vous impose,
Et ne murmurez pas d'un arrêt si soudain !

DAMIS, (*avec une gaîté feinte.*)

L'a-t-elle écrit gaîment ?

DORINE, (*l'observant.*)

Sans gaîté , sans chagrin ,
D'un air indifférent.

DAMIS.

Indifférent ?

DORINE.

Sans doute.
Pour écrire autrement on sait ce qu'il en coute.

DAMIS, (*avec un peu plus de vivacité.*)

Mais au fait, savez-vous le fin de tout ceci ?

DORINE.

Je sais que cette nuit on a très-mal dormi.

DAMIS.

Ah ! voilà contre moi ce qui la détermine !

DORINE.

Mais ne croit-on pas que ce n'est rien.

DAMIS.

Dorine

Approuve fa maîtreffe ?

DORINE.

Eh, ne le dois-je pas ?

DAMIS.

Surtout, quand elle fait de femblables éclats;
La prudence le veut.

DORINE.

J'aime la remontrance.
Éconduire un amant, c'eft bleffer la prudence,
C'eft bouleverfer tout.

DAMIS.

Un Amant eft fort bon.

DORINE.

Ce titre là vous choque ?

DAMIS.

Et c'eft avec raifon....
Maïs brifons la deffus. quoi que Mélife faffe,

Je

Je faurai conftamment endurer ma difgrace;
Et, puifqu'une infomnie a caufé mon malheur,
Je juge le motif, pour calmer ma douleur.
Ces événemens là n'ont plus rien qui m'étonne.
Le caprice m'exclud, l'amitié lui pardonne;
L'indulgente amitié n'a jamais de fureurs,
Et ne connoît point l'art de contraindre les cœurs.

DORINE.

Oh, vive l'amitié! qu'elle eft calme & foumife!
Vous êtes furprenant. Je vais dire à Mélife
Avec quelle douceur, & de quel air ferein
On accueille chez vous fes billets du matin.

(*Elle fort.*)

SCENE IV.

DAMIS, (*feul, & avec dépit.*)

Enfin, Madame, enfin, je connois votre ftyle.
Vous voulez m'affliger & j'en fuis plus tranquille.

E

SCENE V.

DAMIS, GERMAIN.

GERMAIN.

Lisimon eſt, dit-on, chez Méliſe.

DAMIS, *(avec humeur.)*

Il ſuffit.

(Il lit le billet & le chiffonne.)

GERMAIN, *(à part.)*

Ce diable de billet lui tourmente l'eſprit.

DAMIS,

(ſe promenant toujours, & à part.)

Vous me chaſſez! fort bien.

GERMAIN, *(à part.)*

Fort mal.

DAMIS, *(à part.)*

A la bonne heure.

Rien n'eſt encore perdu, mon ſecret me demeure.

GERMAIN.

Pauvre avoir que cela !

DAMIS, (*à part, & parcourant le Théâtre.*)

De l'éclat & du bruit,
Des foins trop pro digués c'eft l'orgueil qui jouit.
Il faut un autre frein à votre humeur légere ;
Je vous ai fait parler, j'ai bien fait de me taire.
On diftrait votre cœur ;.. il faut le ranimer ,
Et punir la coquette en la forçant d'aimer.
Mais ce cruel billet !... gardons-nous de m'en plaindre.
J'ai dû le defirer , beaucoup plus que le craindre ;
C'eft quelque chofe au moins.... qu'eft-ce que je prétends ?
Fixer un cœur volage ; il réfifte , & j'attends.... .
J'attendrai. Ce billet m'a rendu l'efpérance.
Heureux d'être aujourd'hui l'objet d'une imprudence !
Trop heureux d'occuper ! pour qui s'y connoît bien ,
Un dépit.... un congé vaut toujours mieux que rien.

GERMAIN,

(*s'approchant par degré de Damis , qui marche toujours*
avec la même action.)

Monfieur....

DAMIS, (*brufquement.*)

Hein !...

GERMAIN.

Vous voulez me cacher votre flâme;
Je ne suis plus admis aux secrets de votre âme.

DAMIS.

Après?

GERMAIN.

Epargnez-vous ces inutiles soins;
Ce qu'on ne me dit pas, je ne le sais pas moins.

DAMIS.

Si je le laisse aller, il va par complaisance,
De mes propres amours me faire confidence.

GERMAIN, (*avec intrépidité.*)

Oui, Monsieur; cet air froid qui cache votre feu,
Vos discours, votre ton, tout cela n'est qu'un jeu.

DAMIS.

Très-scrupuleusement gardez vos conjectures:
S'il venoit jusqu'à moi les plus légers murmures,
Vous m'entendez?...

GERMAIN.

Ces mots sont significatifs.

DAMIS.

C'eſt que je n'aime point les eſprits inventifs.

GERMAIN.

Moi, je n'invente rien. Vous n'aimez pas Méliſe ?
Sa main par Liſimon ne vous eſt pas promiſe ?
Ce portrait que tantôt vous obſerviez ?...

DAMIS.

Eh bien ?

GERMAIN.

Me direz-vous auſſi que ce n'eſt pas le ſien ?
D'après ſon grand tableau, lorſqu'elle fut ſortie,
Vous fîtes l'autre jour tirer cette copie.

DAMIS.

Motus, encore un coup, ou gare....

GERMAIN.

Avec ce ton,
Vous obtenez des droits ſur ma diſcrétion.

DAMIS.

Prévenez là dedans qu'à me ſuivre on s'apprête.

E iij

(à part.)

Qu'on ne s'éloigne pas. Ma furprife eft complete !

(On entend chanter & faire du bruit derriere le Théâtre.)

Qu'eft-ce que ce train là ? va-t-en voir à l'inftant.

GERMAIN.

C'eft Monfieur Floricourt qui s'annonce en chantant.
Il eft votre rival.

DAMIS.

Lui ?

GERMAIN.

Déclaré.

DAMIS.

Quel conte !

S C E N E VI.

FLORICOURT, DAMIS, GERMAIN.

GERMAIN.

Tenez, lui même ici vous en rendra bon compte ;
Il eſt franc. (*Germain ſort.*)

FLORICOURT, (*du ton le plus gai.*)

Je ſuis triſte, & je viens près de toi
Pour éclaircir le noir qui s'empare de moi.
Que je te trouve heureux ! un eſprit toujours libre !
Tu maintiens dans tes goûts le plus juſte équilibre,
Le ſort prévient tes vœux, tout ſuccede à ton gré ;
Très-peu d'ambition, un amour tempéré !
Moi, je ſuis baloté de toutes les manières :
Le feu plus que jamais s'eſt mis dans mes affaires :
Tout, depuis ce matin, m'affecte horriblement.

DAMIS.

Depuis ce matin ?

FLORICOURT.

Oui.

D A M I S.

Le terme est allarmant.

F L O R I C O U R T.

Ma sensibilité devient insupportable.

D A M I S.

Allons, remettez-vous ; un revers vous accable !
Comment vont les amours, les projets, tout le train ?

F L O R I C O U R T.

Nous vivons, mon ami, dans un siècle d'airain.
Rien n'avance, ne va... j'ai plus de cent paroles ;
Pour les effets, néant... j'ai beau changer de rôles,
Saisir l'esprit, le ton de nos sociétés,
Amuser tous les jours dix cercles d'hébétés ;
Voir les gens qu'il faut voir, briller par ma dépense,
Renchérir sur ces riens qui font notre importance,
Je reste là tout net .... on me berce d'espoir ;
Vingt billets le matin m'invitent pour le soir ;
On me fête, & c'est tout : avantage stérile !
J'ai prouvé cependant que je puis être utile....
Tiens, pas plus tard qu'hier dans un fort grand soupé,
J'eus des traits d'un bonheur... dont chacun fut frappé.
On murmuroit tout bas, il est vraiment aimable ;

J'abîmai le Baron; il parut détestable.
Je fis rire Chloé, rire jusqu'à l'excès,
Une bégueule morne & qui ne rit jamais....
Tu sais qu'elle peut tout, qu'on obtient tout par elle.
Eh bien, quand on sortit, je reclamai son zèle;
Elle me répondit par des airs nonchalans,
Me pria de descendre, & d'appeller ses gens.
Eh! sur ces têtes là fondez quelqu'espérance!
Nulle solidité, point de reconnoissance.
Qu'ils s'arrangent, je sens qu'il faut vivre pour soi,
Et mon ingrat pays n'est pas digne de moi.

D A M I S.

Comment? je vous croyois en faveur.

F L O R I C O U R T, (*avec étourderie.*)

Quel vertige!

Crois-tu donc à ce mot, à ce brillant prestige?
La faveur maintenant n'est qu'un flux & reflux;
On a beau la poursuivre, on ne la fixe plus.
Il semble qu'aujourd'hui la fortune vous rie.
Demain le Ciel se brouille & la scène varie.
Le terrein où je marche est fertile en ingrats;
C'est un sable mouvant qu'on sent fuir sous ses pas,
Et le Public leger, qu'un changement réveille,
Brise, en riant, l'Autel qu'il encensoit la veille.
Ainsi de crainte en crainte, & d'espoir en espoir,

On se tue à briguer ce qu'on ne peut avoir.
Parmi cent concurrens, coudoyé dans la foule,
Moins de gré que de force, on céde au flot qui roule,
Et, plus que mécontent, mais non pas converti,
On se retrouve au point d'où l'on étoit parti.

D A M I S.

Ce tableau me paroît frappant de ressemblance.
Vous devenez profond !

F L O R I C O U R T.

        Il le faut bien ... on pense.
C'est fait, je m'exécute & borne mon roman.

D A M I S-

Propos.

F L O R I C O U R T.

Ton œil encor n'a pas saisi mon plan ?

D A M I S.

Oh ! pas le mot.

F L O R I C O U R T.

        Ecoute. Epouses-tu Mélise,
Né l'épouses-tu pas ?

D A M I S.

        La demande est exquise.

FLORICOURT.

Quels que foient tes projets , je n'y pénétre pas;
Mais j'époulerai , moi.

DAMIS, (*ironiquement.*)

Dès-lors plus d'embarras.
De vos expédiens j'admire la juftelle.

FLORICOURT.

Nul procédé , furtout : le prix eft pour l'adrelle.
Dorine me protége ; elle fait babiller :
Moi, je polléde l'art de la faire parler;
Je me la fuis acquile , & fa foi m'eft connue.

DAMIS, (*à part.*)

Cette Dorine là me paroît entendue.

FLORICOURT.

Et Lifimon , d'ailleurs , fervira mon amour.
On dit qu'il a jadis raffolé de la Cour ;
Je veux lui mettre encor l'ambition en tête.
C'eft un reffort plaifant.

DAMIS.

Et furtout fort honnête.
Ainfi vous époufez.

FLORICOURT.

Un peu.

DAMIS.

C'est mon avis.

FLORICOURT.

Tes conseils sont très-bons, tu les verras suivis.

DAMIS.

Rien n'est mieux calculé qu'une telle conduite;
Et c'est avec plaisir que j'en verrai la suite.
Vous n'aimez pas Mélise, on conçoit bien cela :
Votre cœur ne s'est point oublié jusques-là.
Sa fraîcheur, sa jeunesse, une grace piquante,
D'un sourire attrayant la finesse éloquente,
N'ont pu, j'en jurerois, vous inspirer un goût :
Mais, Lisimon est riche, & Mélise aura tout ;
Voila ce qu'il vous faut; rien n'est plus convenable;
Et c'est ce qu'on appelle un hymen très-sortable.
S'aimer, détail bourgeois ! bravant ce sot abus,
Vous allez épouser... quelques cent mille écus.

FLORICOURT.

Oui. Par ce mariage (& tu m'y détermines)

Je veux de ma fortune étayer les ruines.
Pour les gens de notre ordre il n'eſt que ce recours.
Etourdis par nos goûts , diſtraits par nos amours ,
Tant que l'activité nous tient lieu d'opulence ,
Nous vivons dans l'ivreſſe & dans l'indépendance.
Autre tems , autres ſoins ; riſquant quelques ſoupirs ,
Nous implorons l'hymen pour payer nos plaiſirs.
Adieu, je vais courir chez tous mes gens d'affaires ,
Et mettre à la raiſon Intendant & Notaires.
Tou ces animaux là , qu'on voit en enrageant ,
Ont toujours de l'humeur , & n'ont jamais d'argent.

D A M I S.

N'allez pas les manquer.

F L O R I C O U R T

(*prenant la main de Damis.*)

        Non vraiment. Je te quitte ,
J'emporte un avis ſage , & mon cœur le mérite.

(*il ſort.*)

SCENE VII.

DAMIS, *seul.*

D'un moment de dépit il peut tout obtenir;
Il va voir Lifimon, je dois le prévenir.
N'euſſé-je point d'amour, je lui ſerois contraire;
Je voudrois traverſer le bonheur qu'il eſpère,
L'amitié m'en eut ſeule inſpiré le deſſein.
Sans adorer Méliſe, il prétend à ſa main !
Ses graces, ſon eſprit n'ont rien qui l'intéreſſe !
En elle il conſidere, il cherche la richeſſe,
Quel amant ! de mon but ne nous écartons point:
L'amour me l'indiqua, la probité s'y joint.
Mais ſi j'échoue enfin… ſi Méliſe enivrée
Se borne à cette cour dont elle eſt entourée !
Je ne le ſais que trop, la beauté bien ſouvent,
Attentive à l'hommage, eſt ſourde au ſentiment.
Cachons encor le mien… Amour ! tu ſais ſi j'aime !
Ce pénible détour m'eſt dicté par toi même :
Méliſe, tu le vois, eſt prête à t'échapper,
Et je crois te ſervir, en oſant la tromper.

Fin du premier Acte.

ACTE II.

La Scène est dans un avant Salle de l'appartement de Mélise.

SCENE PREMIERE.

DAMIS, *seul.*

Chez Mélise, aujourd'hui ! moi ! quelle hardiesse !
Voyons : par l'oncle ici piquons un peu la nièce.
Il va venir, osons ; & , dans l'espoir que j'ai,
En feignant un refus, vengeons-nous du congé.
Je puis bien à mon tour risquer une imprudence.

SCENE II.

DAMIS, LISIMON.

DAMIS.

Ah ! je vous attendois avec impatience.

LISIMON, *(absorbé dans la rêverie.)*

Me voila. J'en conviens, j'étois dans ce moment
D'une vue assez neuve occupé fortement.
Monsieur, c'est que le tact des affaires publiques
Veut de mâles esprits & des cœurs énergiques.
Quand je m'en escrimois, j'accordois tout cela :
Le tableau de l'Europe étoit imprimé là.
Tu m'as fait avertir, j'accours, adieu l'idée,
C'est le diable !

DAMIS.

Pardon : votre humeur est fondée.

LISIMON.

C'est fait… que me veux-tu ?

DAMIS.

Jé me suis consulté ;

Et

Et je peux avec vous parler en liberté.

Mélife eſt fort aimable; elle a droit de prétendre

Aux hommages, aux vœux de l'amant le plus tendre;

Mais comment ſouffre-t-elle un cercle d'étourdis,

D'agréables, de ſots, par la mode enhardis;

Du bon ton, qu'ils n'ont pas, ſe croyant les arbitres;

Mettant leur ineptie à l'ombre de leurs titres,

Traînant d'un luxe outré l'indiſcret attirail,

Petits ſultans, honnis même dans leur ſerrail;

Tous ces demi-Seigneurs ſans talens & ſans âmes,

Qui bornent leurs exploits à tromper quelques femmes;

De pères très-fameux enfans très-peu connus,

Dont on cite les noms au défaut des vertus?

L I S I M O N.

Je vais, ſi tu le veux, t'expliquer ce myſtère.

D A M I S.

Soit.

L I S I M O N.

Tel que tu me vois, jadis j'eus ma chimère;

Comme un autre: à la Cour j'étois fort aſſidu:

Dans un monde nouveau je me croyois perdu.

Je propoſois alors des plans économiques,

Que je te montrerai, tous bien patriotiques;

Bien conçus....

DAMIS.

Je le crois.

LISIMON.

J'osai les présenter ;
Mais l'embarras étoit de les faire adopter.
Ces gens-ci m'y servoient, du moins en apparence :
Je les reçus chez moi, par excès de prudence.
Sous les dehors du zèle, ils venoient par essains,
En obsédant ma nièce, opiner sur mes vins.
Moi, comme un franc Gaulois, j'aime encor ma patrie.
Leurs protestations trompoient ma bonhommie.
Qu'ai-je embrassé ? du vent. On ne m'écouta pas ;
J'en fus pour mes calculs & pour mes résultats.
Aussi tout va, Dieu sait ! graces à ma routine,
J'aurois en trois matins remonté la machine ;
Je n'y renonce point ; mon porte-feuille est plein :
Aujourd'hui secondé, j'exécute demain.
Oui, Monsieur, qu'on m'installe & je réponds du reste.
Je puis être à l'Etat d'un profit manifeste.
Brouillant, bouleversant les principes connus,
J'arbore la réforme & je pare aux abus.
Voilà dans quel espoir ma folle complaisance
A de ces importuns toleré l'affluence.

DAMIS.

De leur zèle affecté voyez quels sont les fruits.

LISIMON.

Puisqu'ils ne peuvent rien, ils seront éconduits.

DAMIS.

Bon, change-t-on ainsi sa maniere de vivre ?
Votre charmante nièce au tourbillon se livre ;
Et, croyant échapper à de tristes liens,
Obéit à des goûts qui ne sont pas les siens.
Elle est à cette époque, où l'âme irrésolue
Entre différens choix reste encor suspendue.
Son naturel heureux lutte & perce toujours ;
Mais, s'il faut avec vous s'expliquer sans détours,
Il incline un peu trop vers la coquetterie,
Jeu cruel qui bientôt mène à la perfidie,
Des plus doux sentimens corrompt la pureté,
Eteint le caractère & nuit à la beauté.
Il faudroit à Mélise un ami difficile
Qui tourmentât son cœur, encor neuf & docile,
Employât pour le vaincre un manège innocent,
Y jettât par degrés un trouble intéressant,
Enveloppât de fleurs les traits de la censure,
Et sût, à force d'art, le rendre à la nature.

LISIMON.

Eh bien, sois cet ami.

D A M I S, (*riant à demi.*)

Moi?

L I S I M O N.

Toi-même, parbleu.
Il faut, comme tu dis, la tourmenter un peu,
Par de certains secrets dérouter son caprice,
Retenir la coquette au bord du précipice;
Et, lui sauvant surtout l'ennui de la leçon,
La forcer par humeur d'avoir de la raison....
L'idée est lumineuse, & je l'ai bien saisie
A l'application. Je t'en charge.

D A M I S.

Folie.
Revenons s'il vous plait, & daignez m'écouter.

(*Il regarde de tous côtés avec un air mystérieux.*)

Vous m'offrîtes sa main, je ne puis l'accepter.
Je veux choisir, Monsieur, quelqu'un qui me convienne,
Dont la façon de voir s'accorde avec la mienne,
Qui connoisse le prix d'un amour délicat,
Et sache préférer le bonheur à l'éclat.

L I S I M O N.

Tu m'étonnes beaucoup & je te crois à peine.

Sans doute elle t'a fait quelque nouvelle scène,
Car c'est une étourdie!... ah! je vais la tancer
D'une belle façon!

DAMIS.

Gardez-vous d'y penser.
Ne vous voila-t-il pas, comme à votre ordinaire,
Emporté!...

LISIMON.

J'en conviens, je suis un peu colère.

DAMIS.

Un peu? beaucoup.

LISIMON, *(se radoucissant.)*

Eh bien, je me corrigerai,

(Reprenant le ton vif.)

Mais on fera morbleu ce que je résoudrai.
Dans ce que j'ai conclu je suis fixe & tenace.
Ma nièce obéira.....

DAMIS.

Modérez-vous, de grace.
De mon absence au moins choisissez le moment,
Et qu'à cet entretien je ne sois pas présent....
Ciel! Mélise!... je sors.

(Mélise entre dans ce moment. Ils se font une révérence
& Damis sort.)

SCENE III.

MÉLISE, LISIMON, DORINE.

MELISE, (*avec étonnement.*

Damis ici?

LISIMON.

Lui même.
Pourquoi non, s'il vous plaît?

MELISE.

Ma surprise est extrême,
Quand nous mariez-vous?

LISIMON.

Je le voudrois envain:
Vous l'avez trop bien su guérir de ce dessein.

MELISE, (*vivement.*)
Quoi?...

LISIMON.

Rien.

MELISE.

Encore?...

LISIMON.

Eh bien!...

MELISE.

Parlez.

LISIMON.

Je vous annonce...

MELISE.

Mais quoi donc?

LISIMON.

Que Damis à vos charmes renonce,
De vos airs, de vos tons, il est las à la fin.
Il refuse en un mot le don de votre main.

MELISE.

Il me refuse!

LISIMON.

Net. Mais cela sans colère,
Toujours maître de lui, (car c'est son caractère)

G iv

Si posément enfin , & d'un air si glacé,
Que tout autre à ma place en seroit courroucé.

MELISE, *(avec une gaieté contrainte.)*

Courroucé ! pourquoi donc ? le trait est impayable.

LISIMON.

Vous paroît-il plaisant ?

MELISE,

(avec chaleur , & ne pouvant cacher son dépit.)

Damis est admirable !
C'est moi, Monsieur, c'est moi, qui, trompant son espoir,
Lui mandois ce matin de ne me plus revoir.

LISIMON.

Fable.

DORINE.

Rien n'est plus vrai : ma maîtresse est vengée.
De l'exécution ; cette main fut chargée.

MELISE.

De sa froideur pour moi vous voilà convaincu ?

LISIMON.

Oh ! oui !

MELISE.

Vous en a-t-il long-tems entretenu ?
Félicitez-vous bien, vantez votre conduite !
De vos préventions voilà quelle est la suite.

LISIMON, (*brusquement.*)

Moi, j'ai cru que ces nœuds seroient bien assortis.

(*affectant de la finesse.*)

J'ai même soupçonné que vous aimiez Damis.

MELISE.

Mon Oncle assurément le soupçon est unique.
Vous êtes étonnant.

LISIMON.

Non, je suis véridique.

DORINE.

Que Monsieur Lisimon a l'esprit clairvoyant !
Rien ne peut échapper à son œil pénétrant.
Il lit, sans se tromper, jusqu'au fond de nos âmes ;
Comme il déchiffre un cœur ! comme il connoît les femmes !

LISIMON.

Que trop, en vérité ! j'ai bien payé cela ;

On est dupe long-tems avant d'en venir là....
Mais, dans ce moment-ci, je m'abuse peut-être,
Je ne démêle rien, je ne sais rien connoître....

(*à Mélise, avec humeur.*)

Que m'importe après tout? congédiez Damis;
Si vous le voulez même, époufez le Marquis.
Bel hymen!

MELISE, (*avec impatience.*)

Vous l'aimiez dans ces jours de folie,
Où les gens du bel air étoient votre manie;
Quand mon Oncle, en projets consumant chaque jour,
En poste alloit chercher des chagrins à la Cour...
De tous ces Meslieurs-là vous goûtiez l'importance.
Leur ton vous paroissoit le ton par excellence.

LISIMON.

Oh! j'avois mes raisons. Le bien public d'ailleurs....
Bref, c'est un autre tems, & je veux d'autres mœurs.

DORINE.

Floricourt, au surplus, n'a rien pour vous déplaire.
D'une vieille parente il sera légataire;
Sa naissance est illustre; il est jeune, bien fait.

MELISE, (*avec humeur.*)

Ah! vous le protégez?...

DORINE.

(*à Lisimon.*)   Enfin on s'y connoît.
Puis, s'il vous revenoit un jour en fantaisie
De vouer à l'Etat votre rare génie;
Aux airs de courtisan il saura vous plier;
Et c'est un homme, au moins, qui peut vous appuyer.
Quel plaisir de briller, d'étendre un peu sa sphère!
Une fois en crédit, que d'heureux on doit faire!

LISIMON.

Tu crois donc qu'on pourroit....

DORINE.

                              Je vous ai dévoilé.

LISIMON.

Toi!.... comment donc? par où?

DORINE.

                              Tout en vous m'a parlé;
Discours obscurs, mais fins; silence énigmatique....
Et ce rire ingénu qui cache un politique.

LISIMON.

L'y voilà.

M E L I S E.

Finiſſez... Le beau raiſonnement !

L I S I M O N, (*après avoir réfléchi.*)

Eh ! ce qu'elle dit là n'eſt pas ſans fondement,
Elle voit aſſez bien. Mais j'inſiſte : ma Nièce,
Je veux encore pour vous ſignaler ma tendreſſe.
Je regrette Damis, quoi que vous en diſiez,
Et veux le ramener, dès ce ſoir, à vos pieds.
Je ſens bien qu'il faudra, rappellant ma fineſſe,
Négocier la choſe avec un peu d'adreſſe....
Mais on ſait ſe tirer d'une difficulté,
Et délicatement ménager un traité ;
Sois ſure... enfin......

SCENE IV.

MELISE, DORINE.

MELISE.

Mon Oncle est incompréhensible.

DORINE.

Damis, toujours Damis ! ce caprice est risible . . . .
Oui ; mais tous ces discours sont ici superflus ;
Damis est hors de Cour & vous n'y songez plus.

MELISE.

Y songer ! il faudroit que je fusse bien folle !
Sa conduite, avec moi, cependant me désole.
Je voudrois à mes pieds le voir s'humilier,
Et . . . .

DORINE,

Ce procédé là seroit plus régulier.

MELISE.

N'en parlons plus.

DORINE.

Sans doute.

MELISE.

Au fond, je le déteste.

DORINE.

De vos ressentimens ce dépit est le reste.

MELISE.

Tu dis que mon billet n'a point paru l'aigrir ?

DORINE.

Non ; tranquillisez-vous.

MELISE.

Je n'en puis revenir.
Mais, moi, Dorine, aussi j'ai fait une imprudence ;
Que prétendois-je, enfin ?

DORINE.

Punir son impudence.

MELISE.

Dis sa discrétion, c'est le mot : en effet,
Tu le sais comme moi, qu'a-t-il dit, qu'a-t-il fait
Qui lui put attirer cette rigueur extrême ?

DORINE.

Comment, un insolent qui ne dit pas qu'il aime !

MELISE.

Qu'il aime ! il faut savoir s'il aime : le sais-tu ?

DORINE.

Eh ! mais, rien n'est plus clair.

MELISE.

Moi, je n'en ai rien vu.

DORINE.

Moi, je vous garantis qu'il brûle au fond de l'âme.

MELISE.

Eh ! que ne parle-t-il ?

DORINE.

Mais il craint pour sa flâme.

MELISE.

Oh ! il a bien raison.... mais il faut s'expliquer !

DORINE.

N'ayez pas feulement l'air de le remarquer.

MELISE.

Bon !

DORINE.

Laiffons ce fujet ; car il vous indifpofe.

MELISE.

Moi ! non : autant parler de lui que d'autre chofe ;
Tu peux continuer.

DORINE.

Parlons-en donc… eh bien ;
Puifque vous le voulez, qu'en dirons-nous ?

MELISE.

Oh ! rien.

DORINE.

Pourquoi donc cette humeur & cette impatience ?
Si vous l'aimiez encor ?

MELISE.

Tais-toi.

(Elles fe taifent pendant un moment.)

DORINE.

DORINE.

Le beau silence!

MELISE.

Tu n'as point remarqué le portrait qu'il tenoit ?
Tu n'as point distingué ? . . . .

DORINE.

Non, il l'examinoit
D'un œil très-satisfait.

MELISE, (*à part.*)

(*Haut.*)   Je souffre le martyre;
Tu n'as rien entendu de ce qu'il a pu dire ?

DORINE.

Il avoit l'air content . . . . c'est tout ce que je sai.

MELISE, (*avec la plus grande vivacité.*)

Je ne demande pas s'il étoit triste ou gai;
Répondez juste au moins.

DORINE.

Je quitte la partie;
Mais j'apperçois Germain.

H

M E L I S E.

Demeurez je vous prie;
Qu'il approche.

S C E N E V.

M E L I S E, D O R I N E, G E R M A I N.

M E L I S E, (*d'un air diſtrait.*)

Ah! c'eſt toi Germain?

G E R M A I N.

Pour vous ſervir,
Madame; commandez, & je cours obéir....
Je montois chez Damis.

M E L I S E.

Il eſt ici ton Maître?

G E R M A I N.

Oui, même tout le ſoir je crois qu'il y doit être.

M E L I S E.

Seul?

GERMAIN.

Seul, je l'imagine.

MELISE.

Il ne peut être mieux.
Tu sais apparemment qu'il est fort amoureux?

GERMAIN.

Amoureux!

MELISE.

Et bien plus, il ose le paroître....

GERMAIN.

Madame, écoutez donc....

DORINE.

Dis, tu dois t'y connoître.

GERMAIN.

Je sais qu'il s'est donné ces airs là quelquefois.

DORINE.

Eh! sait-on quel objet a décidé son choix?

H ij

G E R M A I N.

Non : il eſt fort diſcret, il ſoupire en ſilence ;
Rien n'échappe avec lui ....

M E L I S E.

La bonne extravagance !

D O R I N E.

Et ce portrait divin dont il eſt enivré,
Qu'il obſerve ſans ceſſe avec l'air égaré ;
A ton compte, Germain, n'eſt-ce point un indice ?

M E L I S E.

Va, parle à cœur ouvert, & quitte l'artifice.

D O R I N E.

Sans doute, allons, du cœur.

G E R M A I N.

S'il ne faut rien celer,
Ce portrait lui plaît fort, & ....

M E L I S E, (*pouſſant Dorine.*)

Fais-le donc parler.

DORINE, *(pouſſant Germain.)*

Va donc.

GERMAIN.

Seul dans un coin, quand il eſt à ſon aiſe,
Il le tourne & retourne, il le baiſe & rebaiſe;
Il lui parle ſouvent comme s'il l'entendoit,
Et lui reparle encor, comme s'il répondoit.
Cela me charme, moi, je me plais à l'entendre.

DORINE.

A cette école là tu deviendras fort tendre.

MELISE.

Et l'on ne peut ſavoir quel eſt l'original?

GERMAIN.

Non.

DORINE.

Non?

MELISE.

Germain diſcret! mais cela n'eſt point mal…
Oh! c'eſt, n'en doutons pas, quelque franche coquette?

GERMAIN.

Madame, en vérité….

H iij

MELISE.

Quelque folle parfaite.

GERMAIN.

Madame, je rougis.....

MELISE.

J'en fuis fûre.

GERMAIN.

Comment ?
Quoi qu'il en foit enfin le portrait eft charmant.

MELISE.

Affreux, peut-être ?

GERMAIN.

Affreux! cela vous plaît à dire.

MELISE.

Je le répète, affreux.

GERMAIN.

Je céde & me retire,

Ah! ce pauvre portrait, comme vous le traitez!
Mais vous ne savez pas à qui vous insultez.

MELISE, (le rappellant)

Si Damis n'est point trop occupé de sa flâme,
Dis lui que je l'attends, ici même.

GERMAIN.

Oui Madame.

(Il sort.)

SCENE VI.

MÉLISE, DORINE.

MELISE.

Il faut que je lui parle indispensablement.
Oui....

DORINE, (à part.)

Ma maîtresse en tient indubitablement.

MELISE.

Je veux qu'avant le soir tout ceci se termine.

H iv

D O R I N E.

Comme il va s'applaudir !

M E L I S E.

Retirez-vous , Dorine.
J'entends du bruit : on vient. Ciel ! Floricourt ! l'ennui !...
Mais, feignons .... contre moi tout conspire aujourd'hui.

(*Dorine , en sortant , rencontre Floricourt : ils se font
réciproquement des signes.*)

S C E N E   VII.

F L O R I C O U R T, M E L I S E.

F L O R I C O U R T.

On vous rencontre enfin !... mais vous êtes charmante
De disparoître ainsi, de tromper mon attente.
Qu'elle est belle !

M E L I S E.

Oh ! laissez ce ton complimenteur !

F L O R I C O U R T, (*du ton le plus étourdi.*)

Non , Madame ; avec vous ce ton là part du cœur.

MELISE, (*riant.*)

Du cœur ! y songez-vous ? vous leger, vous frivole !..
Recueillez-vous, Marquis : est-ce là votre rôle ?

FLORICOURT.

Sans doute,

MELISE.

Encore un coup supprimons la fadeur,
Sinon, je vous le dis, j'aurai beaucoup d'humeur,
Et je vous ennuierai.

FLORICOURT, (*avec galanterie & légereté.*)

Non, cela ne peut être.
Je cherche le plaisir, & vos yeux le font naître :
Mais, depuis près d'un mois, disons la vérité,
Dans quelle solitude avez-vous végété ?
C'est se conduire mal ; tout le monde en murmure.
Plus de bals, de soupers, pas la moindre avanture !
Vous avez de l'humeur ; on n'en est pas surpris.
Vous prenez un travers, je vous en avertis.
Comment donc, belle, aimable, à la fleur de votre âge,
S'enterrer chez un Oncle, & s'ériger en sage !
Mais vous n'y pensez-pas ; il faut absolument
Vous rendre à vos amis, vous remettre au courant.
Je vous offre mes vœux, qui sont flatteurs peut-être ;
Mon nom, ce que je suis, & ce que je dois être ;

Une exiſtence enfin. Allons, ouvrez les yeux;
Le temps vole, il échappe, il emporte les jeux,
Reſſuſcitez; ſortez de cette nuit profonde,
Et paroiſſons tous deux ſur la ſcène du monde.

MELISE.

Mais vous devenez fou !

FLORICOURT, (*de l'air le plus évaporé.*)

    Non, je ne le ſuis pas.
C'eſt trop enſevelir de ſi brillans appas,
Faits pour orner, Madame, un plus décent azyle
Que des cercles obſcurs & l'ombre de la ville.
Ecoutez-moi : je viens d'apprendre en ce moment,
J'en ai l'avis ſur moi, que je dois ſurement
Hériter, avant peu, d'une tante éternelle !...
Qui me remet toujours.

MELISE.

    Cette Dame eſt cruelle.

FLORICOURT.

Elle ne finit pas. Mais, pour cette fois-ci,
Il paroît cependant qu'elle a pris ſon parti.
Elle a quatre-vingts ans, c'eſt l'âge des retraites.
J'envahis ſa fortune; elle eſt des plus complettes.

Le tout vous eſt offert. Nous mêlerons nos biens,
Et l'opulence encor va ſerrer nos liens.

MELISE.

L'opulence ! & le cœur ? eſt-il un autre empire ?
Le tréſor d'un amant c'eſt l'amour qu'il inſpire.
Eſt-il riche ? on l'ignore.... on ſonge à ſes vertus.
Eſt-il pauvre ? on le venge, en l'aimant encor plus ;
Voilà mes ſentimens.

FLORICOURT.

Je vous en félicite ;
Vous bravez la fortune & cédez au mérite !
Ce ſacrifice eſt noble & ſurtout bien placé.
Je ſavois à quel cœur je m'étois adreſſé.

MELISE.

Par exemple, Marquis, permettez-moi de rire.
Quoi, vous prenez pour vous ce que je viens de dire ?

FLORICOURT,

(avec la plus grande gaîté.)

Eh ! comment s'y tromper ? le détour eſt charmant.

MELISE.

Encor ?

FLORICOURT, *(hors de lui.)*

Vous me voyez dans un enchantement!...
Je fuis las d'efpérer. Décidez-vous, de grace.
Ecoutons la raifon & laiffons la grimace.

(Il tombe à fes pieds.)

Ah! je vous le demande au nom de nos beaux jours ;
Faifons à tout Paris envier nos amours.

MELISE.

Trève donc s'il vous plaît à la plaifanterie....
Il extravague.... on vient : levez-vous, je vous prie.

FLORICOURT.

Non. Je lis dans vos yeux, dans ce tendre embarras,
Que mon hommage a pris & ne vous déplait pas.

(Damis entre dans ce moment. Il eft apperçu de
Mélife & non de Floricourt.)

C'eft à moi d'affermir mon bonheur qui s'apprête.
Tout me fert, & je cours affurer ma conquête.

(Floricourt, en fortant, rencontre Damis, & lui
fait des fignes d'un air triomphant.)

SCENE VIII.

DAMIS, MELISE.

DAMIS, (*du fond du Théâtre.*)

Fort bien! le tête à tête est un peu hazardé.
Est-ce pour ce tableau que vous m'avez mandé?
Il est touchant!

MELISE.

A-t-il le bonheur de vous plaire?

DAMIS, (*avec une gaîté contrainte.*)

Beaucoup.

MELISE, (*ironiquement.*)

Il me parloit de son ardeur sincère.

DAMIS.

Et vous daigniez répondre à des transports si doux?
C'est l'usage au surplus.

MELISE, (*à part.*)

(*Haut.*)   Mais seroit-il jaloux?
J'étois libre, Monsieur, lorsqu'on vous fit descendre.

D A M I S, *(très-froidement.)*

Vos ordres font facrés ; j'ai volé pour m'y rendre.
(*à part.*)
L'entretien fera vif.

M E L I S E.

M'expliquez-vous enfin
Les propos que mon Oncle a tenus ce matin ?
Qu'eft-ce que cet hymen, ce refus, cet outrage
Dont il vous accufoit ?

D A M I S.

Quand tout vous rend hommage,
Madame, en vérité penfez-vous à cela ?
C'eft une vifion que cet outrage là.
Ne le favez-vous pas ? qui raconte, exagère,
Et c'eft l'art d'embrouiller la chofe la plus claire.
Votre Oncle brufquement vient m'offrir votre main.
Je ne m'attendois pas à ce bonheur foudain ;
Je n'avois ni le droit, ni l'orgueil d'y prétendre ;
C'eft en m'appréciant que j'ofai m'en défendre.
Voilà tout.

M E L I S E, (*d'un ton ironique.*)

Voilà tout ?...

DAMIS, (*se rapprochant.*)

Mais vous, Madame, vous,
M'expliquez-vous enfin quel est ce grand courroux,
Cet étonnant billet qui de chez vous me chasse?
Comment me suis-je donc attiré ma disgrace?

MELISE.

Ma lettre vous l'apprend, sans rien dissimuler.
Je suis lasse, Monsieur, d'apprêter à parler,
Je suis jeune, on m'observe, on censure, on raisonne,
Et, pour fuir les Amans, je ne vois plus personne.

DAMIS.

Est-ce à titre d'Amant que je suis renvoyé?

MELISE, (*très-vîte.*)

Point de détail.

DAMIS.

Je vois qu'on m'a calomnié.
Quand on aime, on s'échappe, on se trahit: Madame,
Vous ai-je dit un mot qui fit croire à ma flâme?

MELISE, (*avec vivacité.*)

Eh! quand cela seroit?

DAMIS.

Oui : mais.... cela n'eſt pas.

MELISE, (*avec chaleur.*)

Quoi, votre empreſſement à ſuivre tous mes pas,
Cette aſſiduité que tout Paris a vue,
Et votre jalouſie avec art retenue,
N'annonçoient pas aſſez un homme qui prétend
Et ſemble, pour le dire, aux aguets d'un inſtant?

DAMIS.

Ah! ne confondons point! tout cela vouloit dire
Qu'on rencontre chez vous ce que mon cœur deſire,
Des graces, des talens....

MELISE.

Vous m'impatientés.

DAMIS.

Un commerce divin, cent belles qualités.
Cela ſignifioit que votre eſprit enchante;
Qu'on ſe plaît à vous voir, que vous êtes charmante.
Enfin........

MELISE.

Parlez.

DAMIS

DAMIS.

Cela, je le dis sans détour,
Prouvoit tous vos attraits, sans prouver mon amour.

MELISE.

Soit, soit ; eh ! que me fait votre amour, je vous prie ?

DAMIS.

Vous m'accusez ; il faut que je me justifie.

MELISE.

De quoi donc ? il m'outrage à chaque mot ?

DAMIS.

De quoi ?
De l'amour prétendu qui vous révolte en moi.

MELISE.

Vous me haïssez donc, Monsieur ?

DAMIS.

Qui ? moi, Madame ?

MELISE.

Répondez.

L

DAMIS.

Mieux que moi vous lifez dans mon ame ,
Et c'eft trop prolonger mon cruel embarras.
Comment lorfqu'on vous voit dire qu'on n'aime pas ?
Un tel aveu pour vous feroit tout neuf peut-être ,
Il pourroit vous fâcher ; mais vous l'auriez fait naître.
Car enfin, fi vos loix n'en veulent qu'aux Amans ,
Pourquoi m'envelopper dans vos reffentimens ?
Pourquoi , prompte à rifquer un arrêt qui m'accable ,
Si je fuis innocent , me traiter en coupable ?

MELISE.

Allez , Monfieur , allez , vous m'êtes odieux.

DAMIS.

Vous ne fûtes jamais plus aimable à mes yeux.

MELISE.

Eloignez-vous des miens.

DAMIS.

D'où vient cette colère ?
J'obéis , & je fors , de peur de vous déplaire.

SCENE IX.

MELISE, (*seul.*)

Eh ! de cet homme là je ferois le jouet !
Qu'eſt-ce donc qui me tient ? l'aimerois-je en effet ?
Oh ! que je l'aime ou non, je prétends qu'il fléchiſſe ;
Je le veux par raiſon, bien plus que par caprice....
J'ai ſu toucher ſon cœur, il a beau ſe maſquer,
Et ſon adroit orgueil ne veut pas s'expliquer !
C'eſt mon maudit billet !... qui me forçoit d'écrire ?
Que prétendois-je avant qu'il m'eut oſé rien dire ?
Ma conduite eſt étrange, incroyable vraiment ;
Mais la ſienne !... la ſienne eſt un affront ſanglant.
Oh ! cet homme eſt un monſtre... eh bien il eſt aimable ;
C'eſt la régle.... que faire ? ô trouble inſupportable !
Ce monſtre là me plaît, je le ſens, j'en rougis ;
Mais je m'en vengerai, quand je l'aurai ſoumis.

Fin du ſecond Acte.

ACTE III.

SCENE PREMIERE.

LISIMON, *(seul.)*

MA foi, ce Floricourt n'est point aussi frivole.....
Cet homme avec le tems, peut jouer un grand rôle.
Dans ce moment encor, il m'a très-bien parlé.
Malgré mon air discret, comme il m'a démélé!
La peste, quel coup d'œil! oui, j'étois un barbare:
Je désolois Mélise, il faut que je répare.
Le Marquis lui convient, il pense… il ira loin,
Et de lui quelque jour on peut avoir besoin,
Que sait-on?

SCENE II.

LISIMON, MÉLISE, DORINE.

LISIMON.

Eh bien! qu'est-ce? un air mélancolique?
Moi, je veux qu'on me parle & qu'on se communique.
Ça, raisonnons un peu : j'avois jugé trop tôt.
Damis, je le vois bien, n'est pas ce qu'il vous faut.
Il a, je ne sais quoi, qui d'abord intéresse;
Mais sa conduite sourde annonce trop d'adresse.
Trop de flegme, à la longue, est à périr d'ennui,
Et je crois que vraiment je me gâte avec lui.

DORINE.

Vivat! enfin, Monsieur redevient raisonnable!
Damis a des momens, mais il n'est point aimable.
Il aime avec méthode, il brûle sensément;
La mode en peut venir, & rien n'est moins plaisant.

MELISE.

A ravir! comment donc!... allez Mademoiselle,
Sachez une autre fois mesurer votre zèle;
Renfermez avec soin ces transports indiscrets,
Et supprimez surtout le talent des portraits.

D O R I N E.

Madame, une autre fois je serai moins sincère,
Et je saurai....

M E L I S E.

Sachez m'obéir & vous taire.

L I S I M O N.

Sans doute, elle outre un peu; mais je crois qu'en effet,
Damis est trop contraint & n'est point votre fait.

M E L I S E

Y songez-vous ? laissez, laissez aller les choses.
Je ne comprends plus rien à vos métamorphoses.

L I S I M O N.

Oh ! je veux vous venger d'un insolent refus.

M E L I S E.

Je vous dispense, moi, de ces soins superflus.

L I S I M O N.

Mon amitié pour lui, dans cette circonstance,
Lui vaut de votre part un reste d'indulgence :
Mais je vois clairement que vous le détestez,

Et je ne prétends pas forcer les volontés.
Rejetter un hymen pour lui trop honorable.

MELISE.

(à part)
Vous me persécutez. Il est insupportable.

LISIMON.

Assurément il l'est, & j'en suis révolté.
J'admire, en pareil cas, votre sécurité;
Je suis d'une fureur !… C'est que cette avanture
Peut prendre dans le monde une sotte tournure.
Je vois loin.

MELISE.

Oui, très-loin.

LISIMON.

                    Et puis d'ailleurs j'ai sû
Que la bas ….. à la Cour, il est très-peu connu.

MELISE.

Quoi ! cela vous reprend ?

LISIMON.

                    L'obscurité me blesse.
Tout bien considéré, se borner est foiblesse.

I iv

Quand on a votre esprit, vos graces, votre goût,
Il faut prendre un mari fait pour aller à tout.
J'ai des projets…. je veux…. l'affaire m'intéresse,
Et, pour bien des raisons, je dois venger ma nièce,
En ce jour, à l'instant: oui, j'y cours de ce pas….
Vous m'arrêtez envain, je n'en démordrai pas;
Je n'ai point comme vous une tête légère,
Qui veut & ne veut plus; il faut du caractère.

　　　(*Il sort.*)

SCENE III.

MELISE, DORINE.

MELISE.

Voila du Floricourt… si pourtant son humeur…
Damis a dans mon Oncle un zélé protecteur;
Je crois qu'il devient fou…. mais moi, suis-je plus sage?

　　　(*à Dorine.*)

De parler aujourd'hui vous avez une rage?

DORINE.

Moi!

MELISE.

Damis est à plaindre.

DORINE, *(entre ses dents.)*

Il le mériteroit.

MELISE.

Hein ? comment ? votre esprit se forme tout à fait.
Je vous trouve aujourd'hui brillante en reparties.

(à part.)

Mais, par où de mon Oncle arrêter les lubies ?
Il va trouver Damis : que lui va-t-il conter ?

(Damis paroît ; Dorine se retire.)

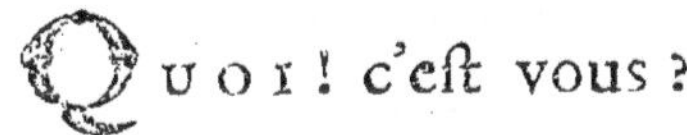

SCENE IV.

MELISE, DAMIS.

MELISE.

Quoi ! c'est vous ?

DAMIS.

Je me sauve.

MELISE.

(après une pause.) Oh ! vous pouvez rester !
Savez-vous que tantôt j'étois fort singuliere.

DAMIS.

Vous vous en souvenez ?

MELISE.

                      J'en ai ri la premiere ;
Je ne fais où j'ai pris ces indifcrets éclats.
Il eft tout fimple au moins que vous ne m'aimiez pas.

DAMIS.

Je vous ai raffurée.

MELISE.

            Et j'en fuis fort contente.

DAMIS.

Autant que je puis voir, l'amour vous épouvante ?

MELISE.

Tout ce qui me fâchoit, c'eft qu'en vous défendant,
Vous paroiffiez encor avoir l'air d'un Amant.
Il régnoit dans vos tons je ne fais quelle gêne,
Qui fur vos fentimens me laiffoit incertaine ;
Oui, tenez, on eut dit que vous étiez piqué.

DAMIS.

Voilà ce que dans moi vous avez remarqué ?

MELISE.

C'eſt ce que j'ai cru voir.

DAMIS.

Idée.

MELISE.

En conſcience,
Êtes-vous bien certain de votre indifférence ?

DAMIS, (*riant.*)

Celui là vient de loin ! quoi ! vous n'y croyez pas !
Mais ne retournons point à nos premiers débats.
Prenez garde ; au traité vous êtes infidèle ;
C'eſt vous qui commencez à me chercher querelle.
Quand je vous aimerois, penſez-vous entre nous
Que j'irois l'avouer après votre courroux,
Moi ! qui ſais à quel point cela peut vous déplaire,
Moi, qu'on vient de chaſſer ſans nul préliminaire !
Si contre moi le doute a bien pu vous armer,
Quel ſort me feriez-vous ſi j'oſois vous aimer ?

MELISE.

Le cas eſt différent.

DAMIS.

Il deviendroit le même.
Oh ! je vous connois bien ; malheur à qui vous aime !

MELISE.

Quelle obstination !

DAMIS.

Eh bien ! n'en parlons plus.
Pourquoi, sans nul objet, s'échauffer là dessus ?

MELISE.

Vous êtes incroyable avec votre système !
Comment : si vous m'aimiez, par un malheur extrême !
Loin d'en faire l'aveu, loin de me prévenir...

DAMIS, *(avec une sorte de crainte.)*

Mais... il est quelquefois très-bon de voir venir.

MELISE.

Et le cœur est soumis à ces calculs infâmes !
Les hommes ! quels fléaux ! puis on s'en prend aux femmes.
D'un instinct libre & pur si l'amour est le fruit,
Du moment qu'on raisonne, il est déja détruit.
L'homme honnête, Monsieur, dédaignant la finesse,
Doit tout à son penchant & rien à son adresse.
Eh ! qu'attendre d'un cœur par lui même géné,
Qui, s'observant toujours, n'est jamais entraîné ?
Il faut s'abandonner, sentir tout, ne rien feindre,
S'enflammer pour le prix, sans projet pour l'atteindre.

Qui fait le mieux tromper , plait quelquefois le mieux :
Mais qui plait fans aimer , jouit fans être heureux.
Ah ! je plains bien le fort d'une femme fenfible !...

DAMIS.

Ce phénix , s'il exifte , eft au moins invifible.

MELISE.

A vos yeux.

DAMIS.

Le trouver , c'eft l'affaire du tems.
Sous le mafque , entre nous , reconnoît-on les gens ?
De vos goûts paffagers comment fuivre les traces ?
Le fentiment chez vous difparoît fous les graces.

MELISE.

Quoi ! vous ne favez pas lire au fond de nos cœurs ?

DAMIS.

Moi ! vraiment je le donne aux plus fins connoiffeurs.

MELISE.

Vous n'avez donc pas vu que , cent fois dans fa vie ,
Floricourt , par exemple , & m'excède & m'ennuie ?
Vous n'avez donc point vu , malgré tous leurs propos ,
Que , même en les fêtant , je méprife les fots ;

Qu'au milieu du grand monde, où je parois légère,
Je me fuis fais un plan & prefque un caractère,
Qu'à la foule bruyante, à mille jolis riens,
J'ai fouvent préféré vos graves entretiens;
Et que ?....

D A M I S.

Vous vous taifez ? pourquoi donc ?

M E L I S E, (à part.)

Je m'admire !

D A M I S.

Eh bien ?

M E L I S E.

Eh bien ! Monfieur.... je n'ai plus rien à dire.

D A M I S.

Quand le cœur ne fent rien.

SCENE V.

Les mêmes, FLORICOURT.

FLORICOURT,

(riant aux éclats dans le fond du Théâtre.

(S'approchant.) D'honneur le tour est gai.
Ah ! je respire enfin, notre Oncle est subjugué.
Jugez s'il m'aime ! il veut, & dès cette journée,
Décider mon bonheur, fixer notre hymenée.
Il est expéditif.

MELISE.

Fort bien ! Marquis, fort bien !
L'aveu de Lisimon vous assure du mien :
Vous pouvez y compter.

FLORICOURT.

Après ce tour d'adresse,
Il seroit trop piquant...

MELISE.

Mais par quelle finesse
Avez-vous donc, Monsieur, retourné son esprit ?
Car cela me paroît miraculeux.

FLORICOURT.

Bien dit.

MELISE, (*avec empreſſement.*)
Voyons.

FLORICOURT.

Pour le réduire il a fallu lui plaire.
Votre Oncle s'eſt d'abord armé d'un front ſévère.
J'ai radouci mon ton pour ne le point heurter,
Et j'ai ſurpris enfin l'inſtant de le flatter.
J'ai vanté ſon diſcours ſoit diſant laconique,
Sa pénétration, ſurtout ſa politique :
Je me ſuis étonné qu'un homme tel que lui
Ne fut point dans l'Etat très-puiſſant aujourd'hui.
Vous aurez un œil d'aigle, un abord populaire,
Et l'art d'approfondir, joint avec l'art de plaire,
Lui diſois-je à peu près : il l'a cru bonnement ;
Moi, de montrer alors un zèle véhément,
D'offrir tout mon crédit.... enfin rien ne l'arrête,
Le voilà décidé.

MELISE.

Mais c'eſt une conquête,

(*à part, & regardant Damis.*)
Voyez ſi rien l'émeut.

FLORICOURT

FLORICOURT.

L'amour agit pour nous.

MELISE, (*férieufement.*)

Puifque mon Oncle enfin eft appuyé par vous,
A fes nouveaux deffeins je n'ofe être contraire.
Il faut....

FLORICOURT.

Vous convenez que pour moi tout profpère;
Notre hymen...

MELISE.

Oui, Marquis, devient très-pofitif.

DAMIS, (*d'un ton piqué.*)

La grandeur de votre Oncle eft un point décifif,
Et....

FLORICOURT.

J'ai craint de Damis quelque-tems la pourfuite;
On m'a tranquillifé.

DAMIS.

Qui donc?

MELISE, (*vivement.*)

Dites nous vîte.

K.

FLORICOURT, (*à Mélise.*)

Je fais qu'il aime ailleurs.

MELISE.

Il peut nous mettre au fait.

FLORICOURT.

Eh! comment donc ; comment ?

MELISE.

Il a certain portrait
Qui ne le quitte pas.

FLORICOURT

C'eft Celadon lui-même!

MELISE.

Oui, pour ce portrait là fa folie eft extrême.

DAMIS.

Madame, il eft trop vrai, je l'aime éperdument.

MELISE, (*avec dépit.*)

L'Original, fans doute, eft un objet charmant?

DAMIS, (*d'un ton paſſionné.*)

Oh! charmant!

MELISE.

Je le crois.

DAMIS.

Je lui dois cet hommage.

FLORICOURT.

Eh bien! s'il eſt ainſi, montre-nous ſon image.

DAMIS.

Si Madame le veut, ma prudence conſent;
Mais à condition que vous ſerez abſent.

FLORICOURT.

Moi!

DAMIS.

Vous.

FLORICOURT.

Pour un portrait? allons, quelle manie!

DAMIS.

Vous le faire entrevoir, c'eſt en donner copie.

FLORICOURT.

Il est d'une rigueur!…. Madame, prononcez.

MELISE.

Mon frere… est curieux.

FLORICOURT.

                 J'entends, vous me chassez.
Je vais de Lismon aiguillonner le zèle;
Votre bonheur, le mien près de lui me rappelle,
J'y vole: en m'éclipsant d'un air paisible & doux,
Je satisfais d'avance aux égards d'un époux.

         (*Il baise la main de Mélise, & sort.*)

SCENE VI.

MELISE, DAMIS.

DAMIS.

Cet hymen me paroît une affaire conclue;

MELISE.

Tout de bon, croyez-vous que j'y sois résolue?

DAMIS.

Pourquoi non? de votre Oncle il a déja l'aveu,
Et.... le vôtre suivra.

MELISE.

Le mien?... voyons un peu
Le portrait.

DAMIS.

Un moment.

MELISE.

Volontiers : mais de grace,

Que vous importe enfin que cet hymen se fasse?
Vous êtes occupé, tout le prouve & le dit :
Ce que l'art veut cacher, l'art même le trahit.
Pour moi ce qui m'en plaît, tout haut je le confesse,
C'est que vous possédez une étrange maîtresse.
Elle est assurément calme dans ses amours !
Elle sait que chez moi vous êtes tous les jours,
Et son orgueil se tait, & son cœur est tranquille !
De tous vos soins pour moi spectatrice immobile,
Madame ne dit mot, trouve que tout est bien,
Et n'a garde avec vous de se plaindre de rien !
Elle a donc cinquante ans !

D A M I S.

Pas tout-à-fait encore,
Elle n'en a que vingt.

M E L I S E.

(à part).

Quel conte ! je l'abhorre.

D A M I S.

Ah ! n'en parlez point mal. Quand vous la connoîtrez,
D'un jugement trop prompt vous vous repentirez ;
C'est moi qui vous le dis.

MELISE.

Vous dites à merveille.

DAMIS.

Vraiment ?

MELISE.

Continuez, oui, je vous le conseille;
Que m'importe… Ah ! je vois … peut-être croyez-vous
Qu'une humeur sans motif cache un dépit jaloux ?
Cela seroit nouveau ! moi, de la jalousie !
Moi, vous aimer ! non, non ; je n'en ai nulle envie ;
Je ne m'oppose point à vos félicités.

DAMIS.

Vous ne devinez pas combien vous m'enchantez …
C'est votre dernier mot ?

MELISE.

Ce doute là m'offense.
Vos discours à la fin lassent ma patience.
Allez trouver, Monsieur, la beauté qui vous plaît,
Et gardez constamment un aussi rare objet.

DAMIS.

Je me le promets bien.….

K iv

MELISE, (*avec chaleur.*)

Mon Dieu ! j'en étois sûre ....
Je me ravise, & veux connoître sa figure :
Son naturel paisible, unique en ses effets,
Me donne le desir de contempler ses traits.

DAMIS.

Oh ! dans ce moment-ci, vous verriez mal sans doute.

MELISE.

Elle craint mes regards ?

DAMIS.

C'est moi ... qui les redoute.

MELISE.

Mais j'ai votre parole ... essuierai-je un refus ?

DAMIS.

Pour juger sainement vos sens sont trop émus.

MELISE.

Je le veux.

DAMIS.

Je ne puis.

MELISE.

Comptez, comptez d'avance,
Puisqu'elle en a besoin, sur beaucoup d'indulgence.

DAMIS, (*tirant le Portrait.*)

Vous l'exigez ?

MELISE, (*arrachant le Portrait.*)

Oui, oui; mais donnez donc, Monsieur.

DAMIS.

Oh, tout charmant qu'il est, il va vous faire peur.

MELISE,

(*avec le plus grand étonnement.*)

Ciel !

DAMIS.

Je l'avois prévu.

MELISE.

Mon Portrait !

DAMIS

Oui, lui-même.

C'est un vol que j'ai fait.

M E L I S E.

                    Cette audace est extrême !
(*après une pause & riant.*)
Vraiment je l'ai tantôt joliment arrangé.

D A M I S.

Puisqu'il est ressemblant, Madame, il est vengé.

M E L I S E.

D'honneur, il est parlant, &... quel fourbe vous êtes !
Voilà donc contre nous les complots que vous faites ?
Sur l'excès de vos torts je n'ose m'arrêter.
Pourquoi ravir un bien que l'on peut mériter ?
Mais ce Portrait enfin suffit-il pour m'instruire ?

D A M I S.

Il est chargé de tout ; moi je n'ai rien à dire.
D'ailleurs puis-je jamais fléchir votre courroux ?

M E L I S E.

Puisque vous en parlez, je conviens avec vous....
C'est le cas ou jamais d'être fort en colère.

D A M I S.

Oh, oui ! vous sévirez contre le téméraire.

MELISE.

C'est selon … cependant … Je dois … que fais-je;

DAMIS.

Enfin......

MELISE.

Quand le coupable plaît.

DAMIS.

Fait-on grace au larcin ?
Il faut qu'absolument votre bouche prononce.

MELISE.

(*après un silence.*)

Il vous tint lieu d'aveu : qu'il soit donc ma réponse.

(*Elle lui rend le Portrait.*)

DAMIS,

(*avec la plus grande vivacité.*)

Je tombe à vos genoux. Quel moment enchanteur !
Plus je me suis contraint, plus je sens mon bonheur.
Ne vous souvenez plus d'une ruse innocente,
Qui peut-être a fixé votre âme indépendante ....
Ah ! la mienne est à vous ! recevez son serment.
Le calme de mon front cachoit un cœur brûlant.
Je redoutois vos goûts, le Marquis … vos caprices.
Vous ne vous doutiez pas de tous mes sacrifices.

Des combats douloureux, voilà mes seuls forfaits.
J'ai feint quelques inſtans, pour ne feindre jamais.
L'amour ſeul m'inſpira : c'eſt luï qui me couronne.
Le tour n'eſt pas ſi noir.... vous riez.

MELISE.

Je pardonne.

(Damis ſe remet à ſes genoux.)

SCENE VII.

LISIMON, FLORICOURT,
(au fond du Théâtre.)
DORINE, GERMAIN,
(entrant par une couliſſe oppoſée.)
DAMIS, MELISE.

(Ils reſtent tous dans une différente attitude.)

LISIMON, (à Dorine.)

Q u e le Notaire....

(appercevant Damis aux genoux de Méliſe.)

Attens.... je reſte confondu.

FLORICOURT, (à Damis.)

L'attitude me plaît.... d'ailleurs c'eſt un rendu.
Vous avez votre tour.

LISIMON.

(*à Floricourt.*)   Quel eſt donc ce myſtère?
Que Diable ! je croyois que vous aviez ſu plaire.

FLORICOURT.

Eh bien , vous vous trompiez.

DAMIS, (*à Liſimon.*)

Daignez combler mes vœux.

DORINE,

(*ſe mettant entre Floricourt & Liſimon.*)

Courage.... ou vous voilà diſgraciés tous deux.

FLORICOURT,

(*à Liſimon , avec gaieté.*)

Adieu nos grands projets. Tout Amant à ma place
S'en iroit contriſté , honteux de ſa diſgrace ;
Un tendre déſeſpoir m'ennuiroit à mourir.
Eprouvé-je un revers ? je médite un plaiſir.
Je reviens à mes goûts , il me faut des coquettes.

(*à Méliſe.*)

Damis eſt trop heureux! je le ſuis , ſi vous l'êtes.

(*Il s'échappe en faiſant ſigne qu'on ne prenne pas
garde à lui.*)

S C E N E VIII.

L I S I M O N, M E L I S E, D A M I S, D O R I N E, G E R M A I N.

L I S I M O N, (*à Damis.*)

Pour chasser un rival ton secret est fort bon.

G E R M A I N, (*d'un air triomphant.*)

Nous avons esquivé la déclaration !

Fin du troisieme & dernier Acte.

Lu & approuvé, le 15 Juin 1773.

Signé MARIN.

Vu l'Approbation. Permis d'imprimer, ce 17 Juin 1773.

DE SARTINE.

De l'Imprimerie de GUEFFIER, rue de la Harpe.

DELALAIN donne avis au Public que le premier Volume des Fables de M. Dorat, eſt actuellement ſous preſſe, & paroîtra à la fin de Décembre. Ce Volume eſt orné de cent Planches, gravées par les meilleurs Artiſtes, d'après les Deſſins de *Marilliers*. C'eſt le même papier, & le même format que dans l'édition des *Baiſers*. La ſeconde ſuite paroîtra après Pâques, & ſera décorée du même nombre de Planches.

On trouve chez le même Libraire, de nouvelles éditions des *Sacrifices de l'Amour*, & des *Malheurs de l'Inconſtance*, ainſi que tous les autres Ouvrages de l'Auteur en onze Volumes; mais chaque Ouvrage ſe vend ſéparément.